Impressum
Verlag: BABADADA GmbH, Nedderfeld 112 , 22529 Hamburg
Geschäftsführer / Verlagsleitung: Harald Hof
Druck: Books on Demand GmbH, In de Tarpen 42, 22848 Norderstedt

Imprint
Publisher: BABADADA GmbH, Nedderfeld 112 , 22529 Hamburg, Germany
Managing Director / Publishing direction: Harald Hof
Print: Books on Demand GmbH, In de Tarpen 42, 22848 Norderstedt

sală de clasă
ikilasi

a împărți
divayda

186/2

tablă
ibhodi

curte a școlii
igceke lesikole

profesor
uthisha

hârtie
iphepha

a scrie
bhala

instrument de scris
ipeni

ă de birou
idesk

riglă
irula

carte
incwadi

elev
umuntu

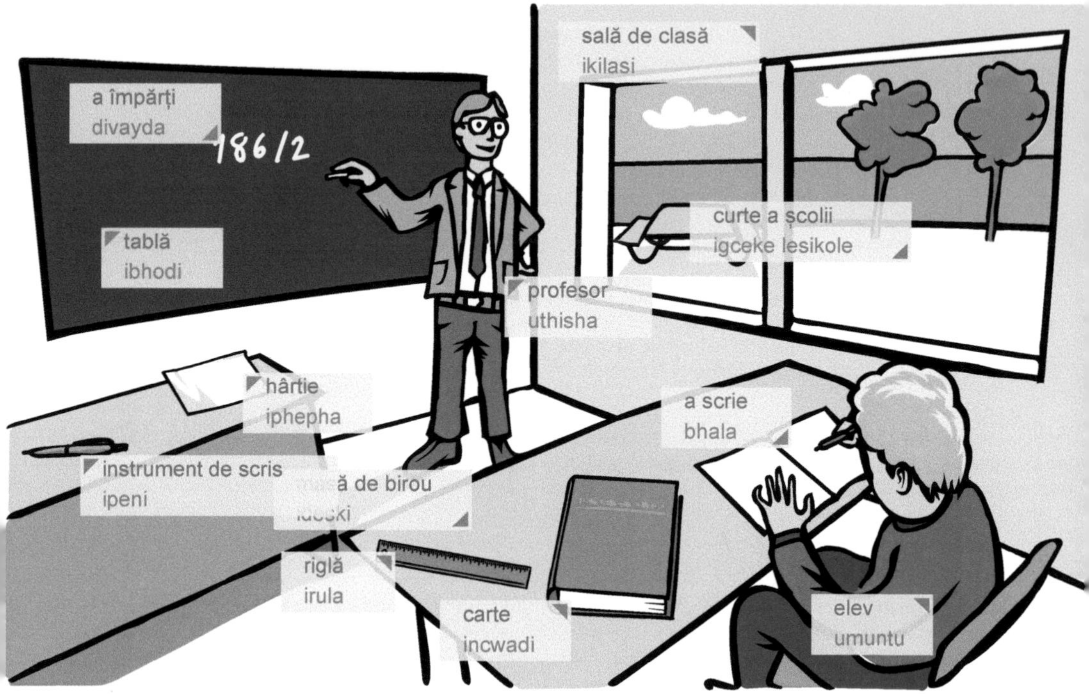

ghiozdan

isikhwama

penar

isikwama sepeni

creion

ipensela

ascuțitoare

umshini wokulola

radieră

irabha

bloc de desen

indawo yokudweba

desen

ukudweba

pensulă

ibrashi lokupenda

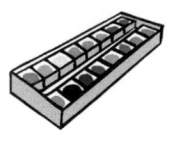

cutie de acuarele

ibhokisi lokupenda

foarfece

isikelo

lipici

inomfi

caiet de exerciţii

incwadi yesikole

temă

umsebenzi wasekhaya

număr

inamba

a aduna

hlanganisa

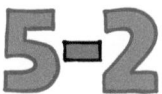

a scădea

susa

a multiplica

phindaphinda

a calcula

bala

literă

incwadi

alfabet

izinhlamvu zamagama

cuvânt

igama

text

umbhalo

a citi

funda

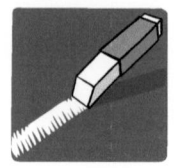

cretă

ushoki

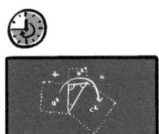

oră

isifundo

catalog

bhalisa

examen

isivivinyo

certificat

isitifiketi

uniformă școlară

iyunifomu yesikole

educație

imfundo

enciclopedie

i-encyclopedia

universitate

inyuvesi

microscop

isibonakhulu

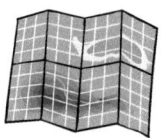

hartă

ibalazwe

coș de gunoi

ibhaskidi yokulahla
amaphepha

călătorie
ukuhamba

hotel
ihhotela
Grand
hostel
ihositela
ROOMS
casă de schimb valutar
i-bureau de change
CHANGE
valiză
i-suitcase
autovehicul
imoto

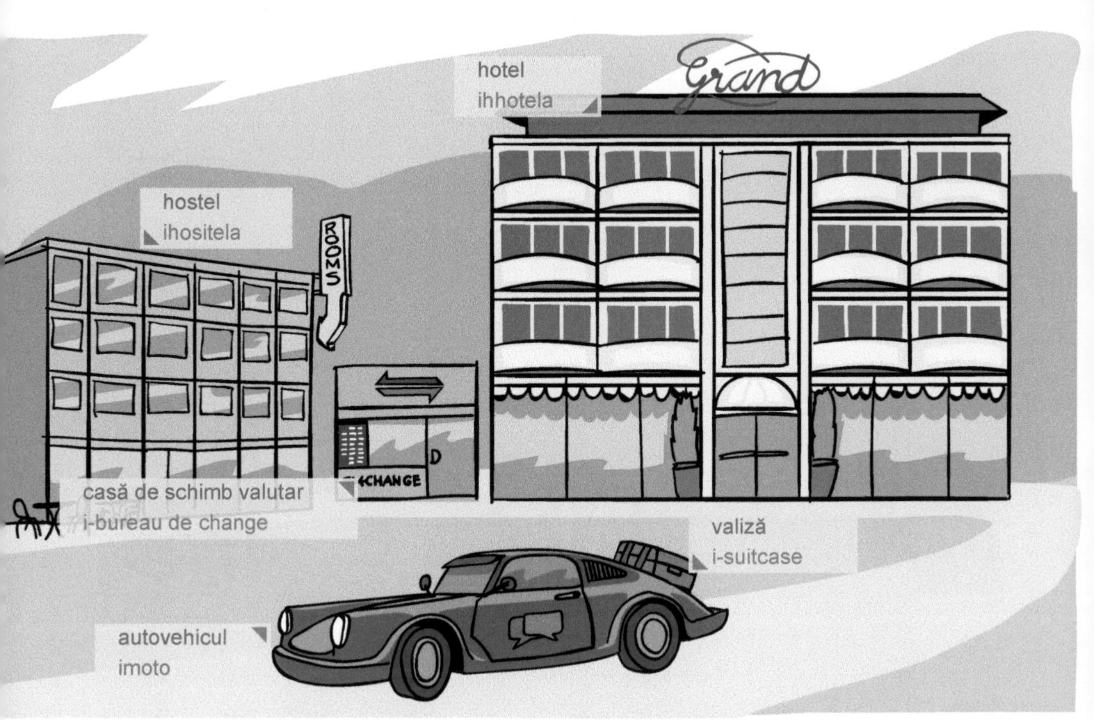

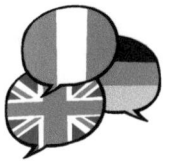

limbă

ulimi

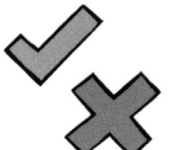

da/nu

yebo / cha

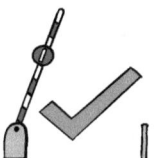

okay

kulungile

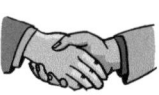

Bună!

sawubona

interpret

umhumushi

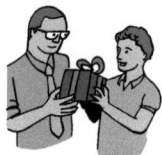

mulțumesc

Ngiyabonga

Cât costă...?

iyimalini i...?

Nu înțeleg

angiqondi

problemă

inkinga

Bună seara!

Intambama enhle!

Bună dimineața!

Sawubona!

Noapte bună!

Ulale kahle!

la revedere

bye bye

direcție

isiqondiso

bagaj

izikhwama

geantă

isikhwama

rucsac

ubhakha

oaspete

isivakashi

cameră

igumbi

sac de dormit

isikhwama sokulala

cort

ithende

punct de informare turistică

imininingwane yamathoristi

plajă

ulwandle

carte de credit

ikhadi lesikweletu

mic dejun

ukudla kwasekuseni

masa de prânz

ukudla kwasemini

cină

ukudla kwasebusuku

bilet de călătorie

ithikithi

lift

i-lift

timbru poştal

isitembu

graniţă

ibhoda

vamă

amasiko

ambasadă

inxusa

viză

ivisa

paşaport

iphasiphothi

transport
izinto zokuhamba

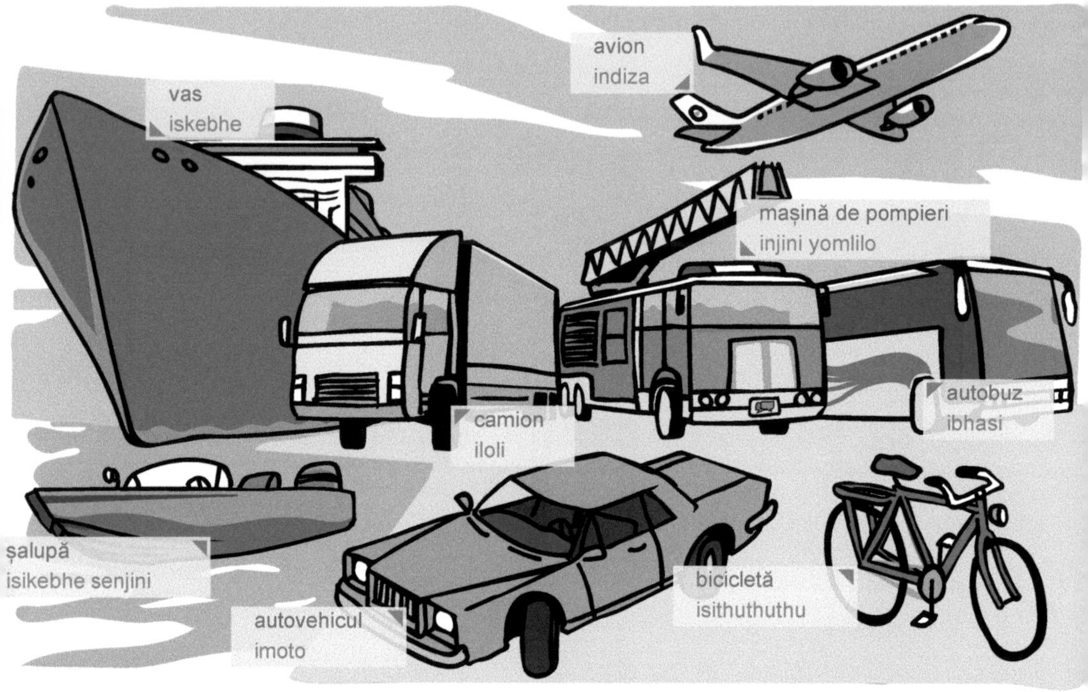
avion
indiza
vas
iskebhe
mașină de pompieri
injini yomlilo
autobuz
ibhasi
camion
iloli
șalupă
isikebhe senjini
bicicletă
isithuthuthu
autovehicul
imoto

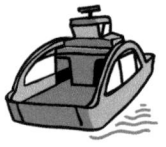

feribot

isikebhe

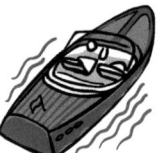

barcă

isikebhe

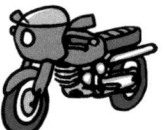

motocicletă

isithuthuthu

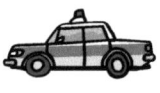

mașină de poliție

imoto yamaphoyisa

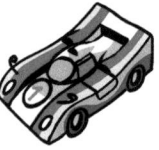

mașină de curse

imoto ejahayo

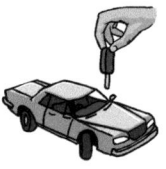

mașină închiriată

imoto eqashiwe

car sharing

ukurenta imoto

mașină de tractat

iloli eliphukile

mașină de gunoi

ithrakhi

motor

injini

combustibil

amafutha

benzinărie

indawo yokuthela uphethiloli

semn de circulație

uphawu lwethrafikhi

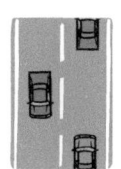

trafic

ithrafikhi

ambuteiaj

ithrafikhi enkulu

parcare

indawo yokupaka izimoto

gară

isitashi sesitimela

șine

amaloli

tren

isitimela

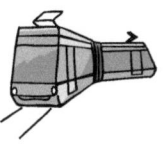

tramvai

ithilamu

vagon

inqola

elicopter

ihelikhoptha

aeroport

isikhungo sezindiza

turn

umphongolo

pasager

iphasenja

container

ikhonteyna

carton

ikhathoni

căruță

inqola

coș

ubhasikidi

a decola/a ateriza

ukusuka / ukwehla

oraș

idolobha

sat

isigodi

centru

i-city centre

casă

indlu

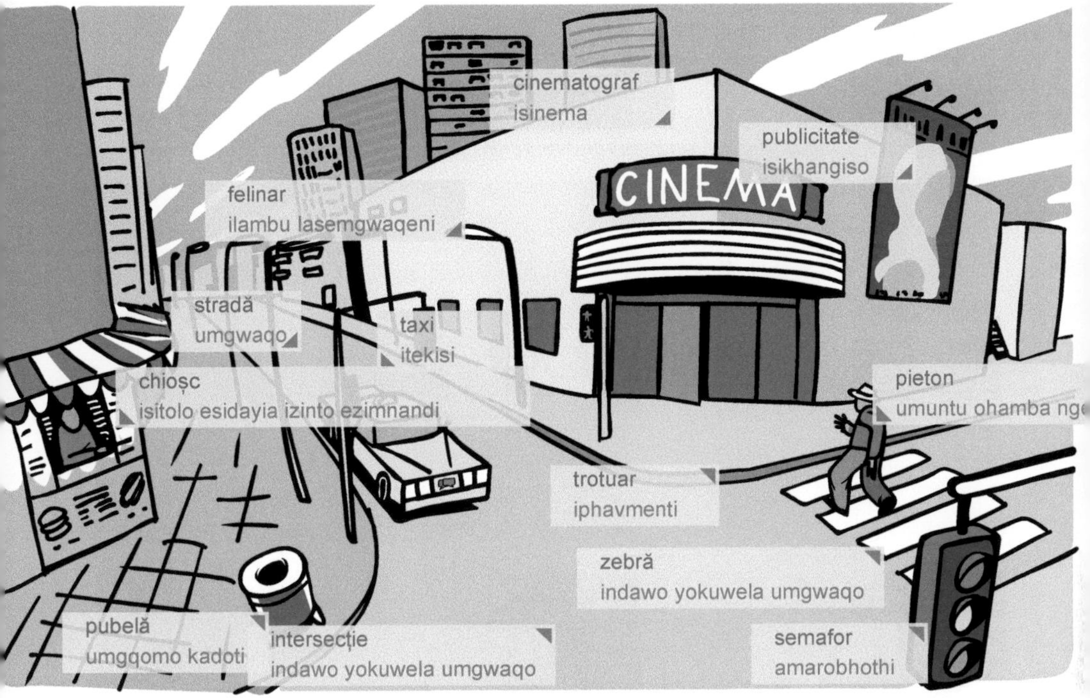

cinematograf
isinema

publicitate
isikhangiso

felinar
ilambu lasemgwaqeni

CINEMA

strada
umgwaqo

taxi
itekisi

chioșc
isitolo esidayia izinto ezimnandi

pieton
umuntu ohamba ng

trotuar
iphavmenti

zebră
indawo yokuwela umgwaqo

pubelă
umgqomo kadoti

intersecție
indawo yokuwela umgwaqo

semafor
amarobhothi

cabană

indlu yodaka

apartament

i-flat

gară

isitashi sesitimela

primărie

i-town hall

muzeu

imuzilemu

școală

isikole

universitate

inyuvesi

bancă

ibhange

spital

isibhedlela

hotel

ihhotela

farmacie

ikhemisi

birou

i-ofisi

librărie

isitolo sezincwadi

magazin

esitolo

florărie

istolo sezimbali

supermarket

emakethe enkulu

piață

imakethe

magazin universal

isitolo somnyango

comerciant de pește

i-fishmonger's

centru comercial

isikhungo sezitolo

port

isikhungo semikhumbi

parc

ipaki

bancă

ibhentshi

pod

ibhuloho

trepte

izitezi

metrou

ngaphansi komhlaba

tunel

umhubhe

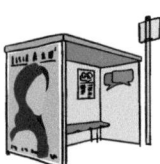

stație de autobuz

istobhu sebhasi

bar

i-bar

restaurant

isitolo sokudlela

cutie poștală

eposini

tăbliță indicatoare cu
numele străzii

uphawu lwasemgwaqeni

parcometru

umshini wokukhokhela
ukupaka

grădină zoologică

esiqiwini

piscină

indawo yokubhukuda

moschee

i-mosque

gospodărie țărănească

ifamu

poluare

ukungcola

cimitir

amagcwaba

biserică

isonto

loc de joacă

igrawundi lokudlala

templu

ithempeli

peisaj

ingadi

frunză
icembe

indicator
mpambano mgwaqo

drum
indlela

pajiște
idlelo

piatră
itshe

drumeț
umqwali wezintaba

copac
isihlahla

râu
umfula

iarbă
utshani

floare
imbali

vale

isigodi

deal

intaba

lac

ichibi

pădure

ihlathi

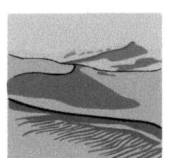

deșert

ogwadule

vulcan

intaba mlilo

castel

isigodlo

curcubeu

uthingo

ciupercă

ikhowe

palmier

isihlahla sesundu

țânțar

umiyane

muscă

ukundiza

furnică

intuthwane

albină

inyosi

păianjen

isicabucabu

gândac

ibhungane

broască

ixoxo

veveriță

i-squirrel

arici

i-hedgehog

iepure

unogwaja

bufniță

isikhova

pasăre

izinyoni

lebădă

idada

porc mistreț

intibane

cerb

inyamazane

elan

i-moose

dig

idamu

turbină eoliană

i-wind turbine

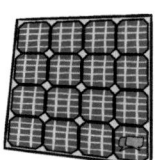

panou solar

i-solar panel

climă

isimo sezulu

restaurant
isitolo sokudlela

chelnăr
uweyita
meniu
imenu
scaun
isihlalo
supă
isobho
pizza
i-pizza
tacâmuri
ikhathilari
față de masă
indwangu yasetafuleni

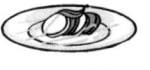

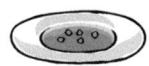

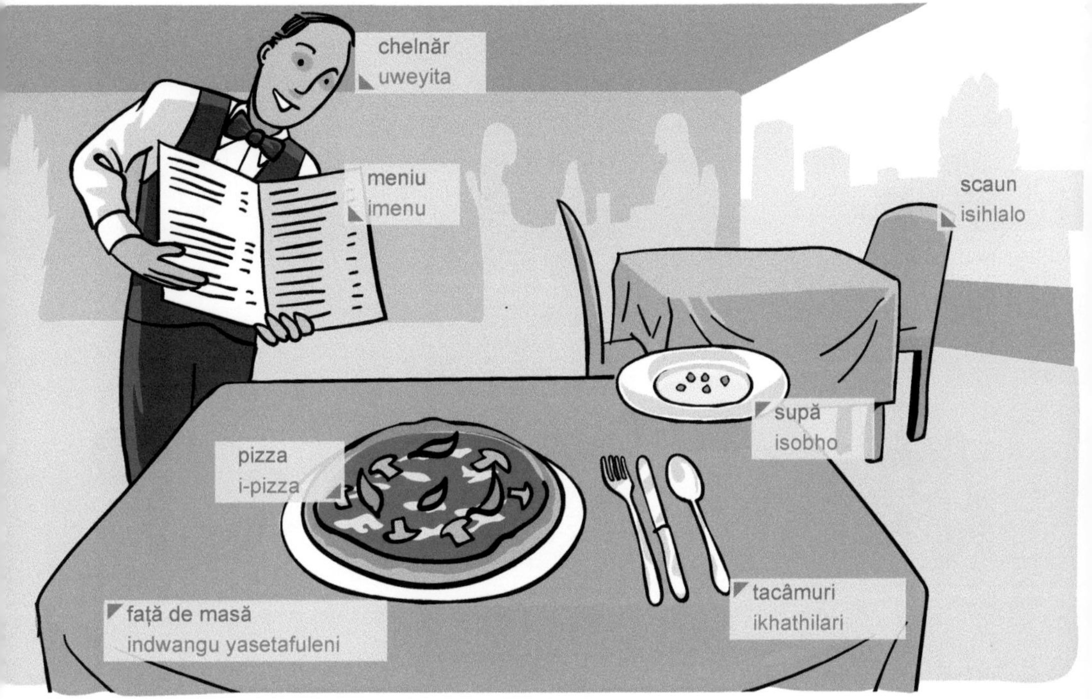

antreu

ukudla okulula

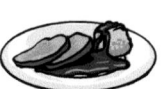

fel principal

isidlo

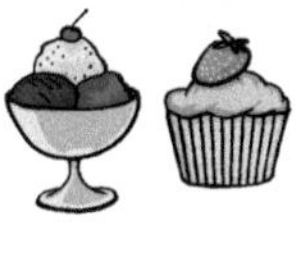

desert

idizethi

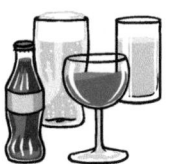

băuturi

iziphuzo

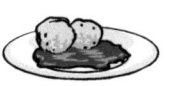

mâncare

ukudla

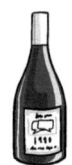

sticlă

ibhodlela

fastfood

ukudla okulula

streetfood

ukudla okudayiswa
emgwaqeni

ceainic

ithiphothi

zaharniță

isitsha sikashukela

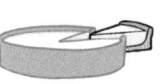

porție

ingxenye

espressor

umshini we-ekspreso

scaun înalt (pentru copii)

isitulo esiphezulu

factură

izindleko

tavă

ithreyi

cuțit

ummese

furculiță

imfologo

lingură

ispuni

linguriță

ithispuni

șervețel

indawo yokusula umlomo

pahar

igilasi

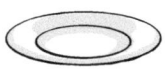

farfurie

ipuleti

farfurie de supă

ipuleti lesobho

farfurie

isoso

sos

isosi

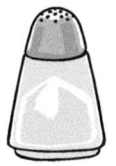

solniță

isitsha sasawoti

râșniță de piper

isitsha sephepha

oțet

uviniga

ulei

amafutha

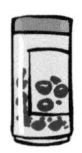

condimente

izinongo

ketchup

isosi yetamatisi

muștar

isosi yesinaphi

maioneză

imayonesi

supermarket
emakethe enkulu

ofertă
amanani akhethekile
FOR
client
ikhasimende
produse lactate
ukudla okwenziwe ngobisi
fructe
isithelo
cărucior de cumpărături
ithroli

BUTCHERS

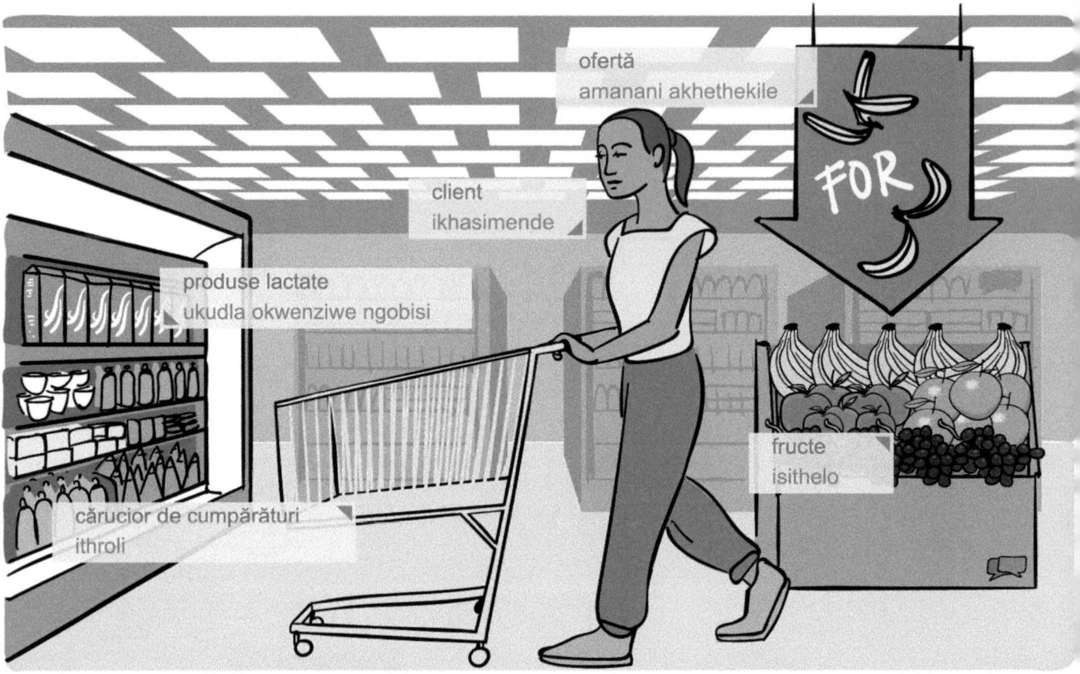

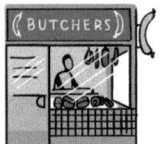

măcelărie

ebhusha

BAKERY

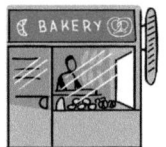

brutărie

isitolo esidayisa isinkwa

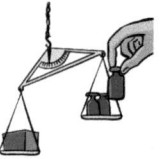

a cântări

kala

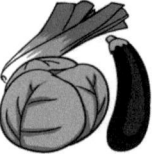

legume

amaveji

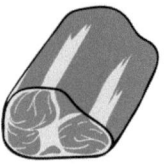

carne

inyama

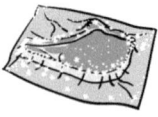

alimente refrigerate

ukudla okubandayo

mezeluri și brânzeturi feliate

inyama ebandayo

conserve

ukudla okusethinini

detergent

insipho yokuwasha
enguphawuda

dulciuri

oswidi

articole de menaj

izinto zasendlini

produse de curățenie

izinto zokuhlanza

vânzătoare

umuntu odayisayo

casă

ithili

casier

umbali wemali

listă de cumpărături

izinto okumelwe zithengwe

orar

amahora okuvula

portmoneu

uwolethi

carte de credit

ikhadi lesikweletu

geantă

isikhwama

pungă de plastic

isikwama sepulastiki

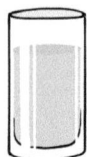

apă

amanzi

suc

ijusi

lapte

ubisi

cola

i-coke

vin

iwayini

bere

ubhiya

alcool

utshwala

cacao

i-cocoa

ceai

itiye

cafea

ikhofi

espresso

i-ekspreso

cappucino

ikhaphachino

banane

ubhanana

măr

i-apula

portocală

i-olintshi

pepene

ikhabe

lămâie

ulamula

morcov

ukherothi

usturoi

ugaligi

bambus

umhlanga

ceapă

u-anyanisi

ciupercă

ikhowe

nuci

amakinati

paste făinoase

ama-noodle

spagheti

isipagethi

orez

iraysi

salată

isaladi

cartofi prăjiți

ama-chips

cartofi țărănești

amazambane athosiwe

pizza

i-pizza

hamburger

ibhega

sandwich

isendiwichi

șnițel

inyama engenathambo

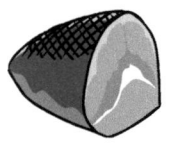

șuncă

ham

salam

salami

cârnați

isoseji

pui

inkukhu

friptură

yosiwe

pește

inhlanzi

fulgi de ovăz

iphalishi le-oats

musli

i-muesli

cereale

ama-cornflakes

făină

uflulawa

corn

i-croissant

chifle

isinkwa esiyiroli

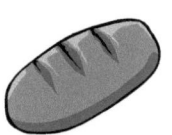

pâine

isinkwa

pâine prăjită

i-toast

biscuiți

amabhiskidi

unt

ibhotela

brânză de vaci

i-curd

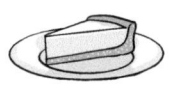

prăjitură

ikhekhe

ou

iqanda

ouă ochiuri

iqanda elithosiwe

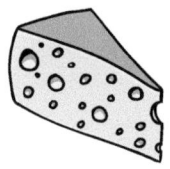

brânză

ushizi

îngheţată

i-ice cream

zahăr

ushukela

miere

uju

marmeladă

ujamu

cremă nuga

ispredi sikashokholedi

curry

isitshulu

gospodărie țărănească
ifamu

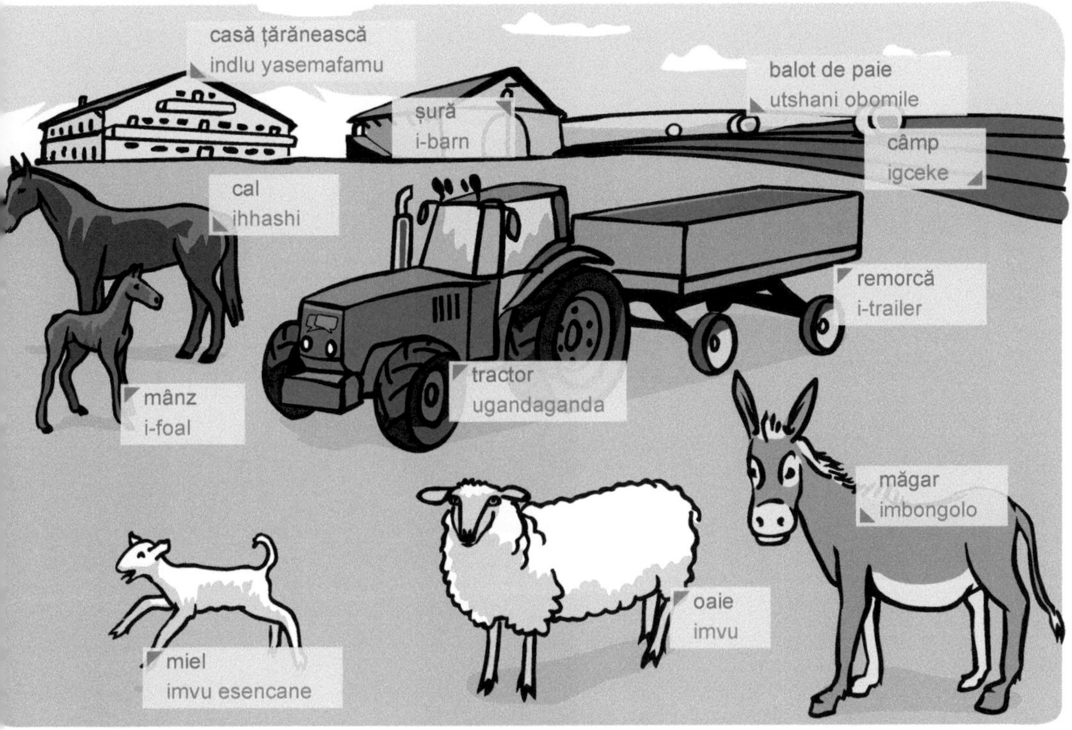
casă țărănească
indlu yasemafamu
șură
i-barn
balot de paie
utshani obomile
câmp
igceke
cal
ihhashi
remorcă
i-trailer
tractor
ugandaganda
mânz
i-foal
măgar
imbongolo
oaie
imvu
miel
imvu esencane

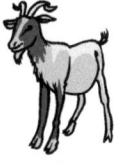

capră

imbuzi

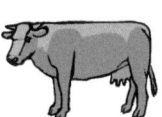

vacă

inkomo

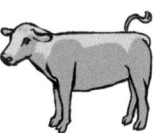

vițel

ithole

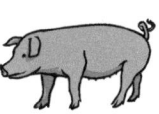

porc

ingulube

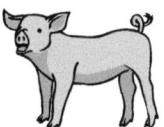

purcel

ingulube esencane

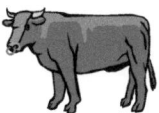

taur

inkunzi

găină

ihansi

rață

idada

pui

ichwane

găină

isikhukhukazi

cocoș

iqhude

șobolan

igundwane

pisică

ikati

șoarece

igundwane

bou

inkabi

câine

inja

cușcă

indlu yenja

furtun de grădină

ipayipi lokunisela

stropitoare

ikani lokunisela

coasă

ucelemba

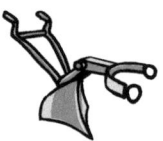

plug

igeja

seceră

isikela

sapă

ukhuba

furcă

imfoloko

secure

imbazo

roabă

ibhala

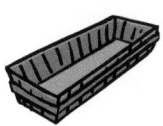

troacă

umkhombe

cană pentru lapte

ubusi olusekanini

sac

isaka

gard

ifensi

grajd

esitebhilini

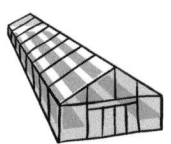

seră

i-greenhouse

sol

inhlabathi

sămânță

imbewu

fertilizator

umanyolo

combină de treierat

ukuvuna okuhlanganisiwe

a culege

vuna

recoltă

isivuno

cartof yam

ama-yam

grâu

ukolweni

soia

umbhontshisi

cartof

amazambane

porumb

ummbila

rapiță

i-rapeseed

pom fructifer

isihlahla sezithelo

manioc

umdumbula

cereale

amasiriyeli

casă
indlu

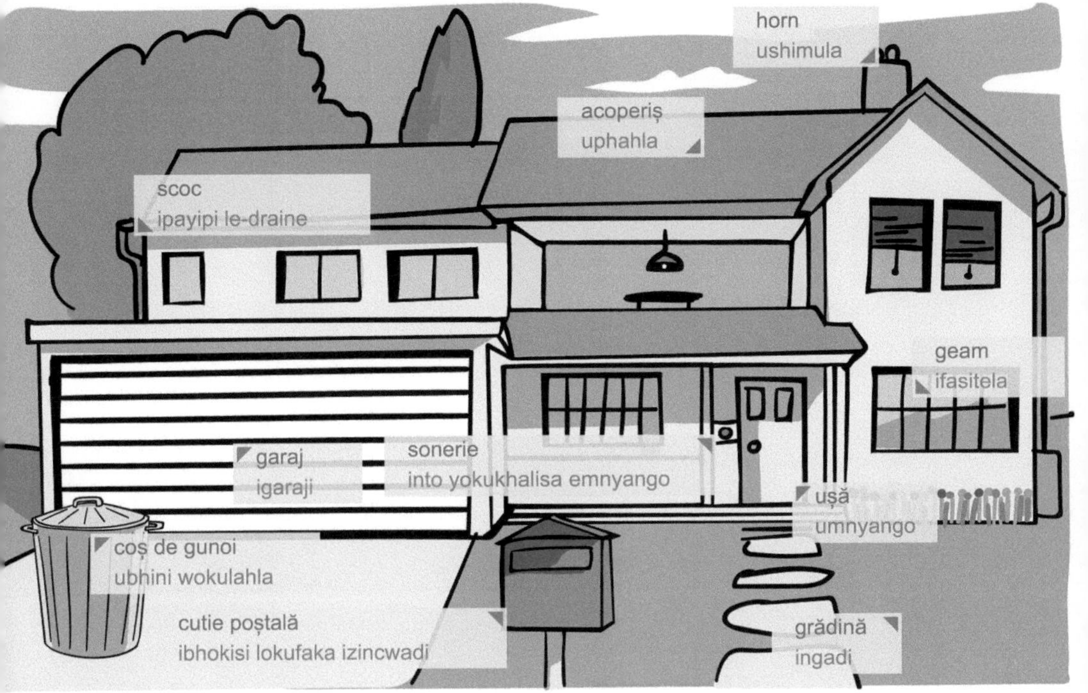
horn
ushimula
acoperiș
uphahla
scoc
ipayipi le-draine
geam
ifasitela
garaj
igaraji
sonerie
into yokukhalisa emnyango
ușă
umnyango
coș de gunoi
ubhini wokulahla
cutie poștală
ibhokisi lokufaka izincwadi
grădină
ingadi

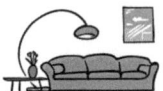

camеră de zi

igumbi lokuhlala

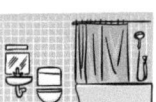

baie

igumbi lokugeza

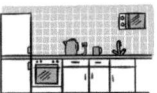

bucătărie

ikhishi

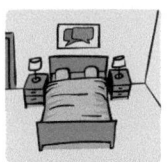

dormitor

igumbi lokulala

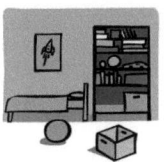

camera copiilor

igumbi lezingane

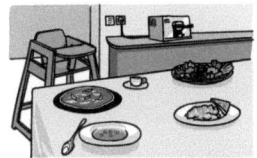

sufragerie

igumbi lokudlela

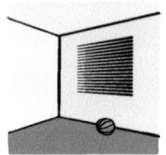

podea

phansi

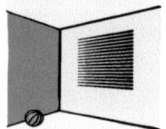

perete

udonga

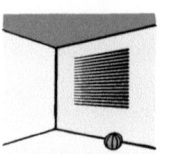

tavan

usilingi

pivniță

i-cella

saună

i-sauna

balcon

ibhalconi

terasă

i-terrace

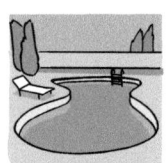

piscină

iphuli

mașină de tuns iarba

umshin wokugunda utshani

cearşaf

ishidi

cuvertură

ingubo yokulala

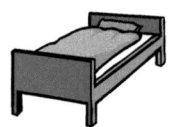

pat

umbhede

mătură

umshanelo

găleată

ibhakede

întrerupător

i-switch

cameră de zi
igumbi lokuhlala

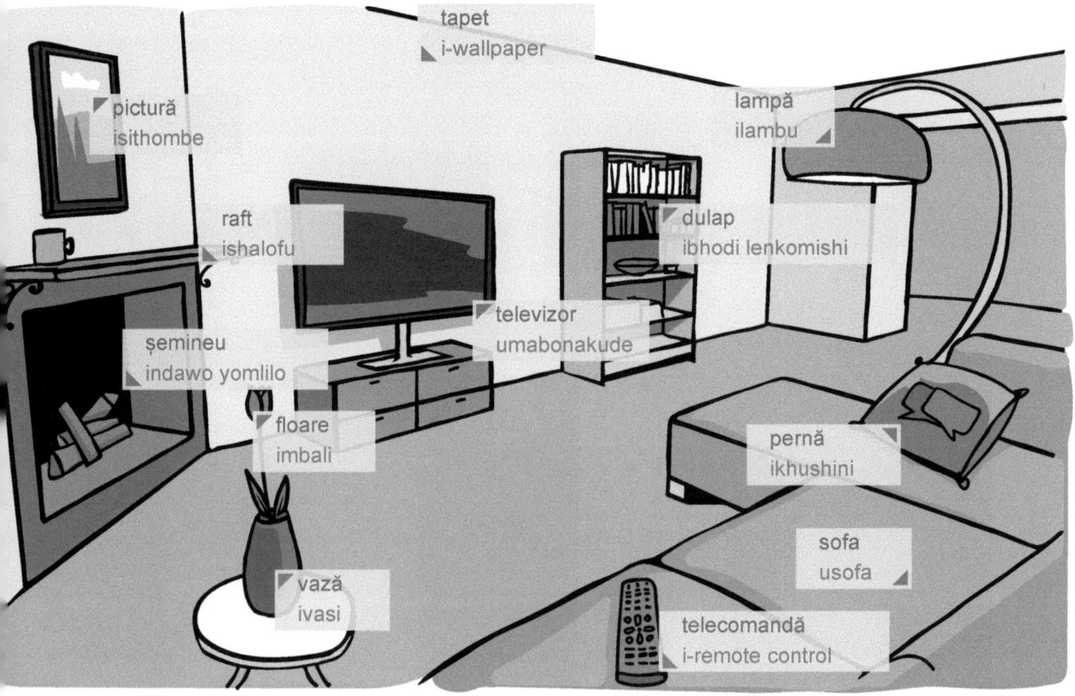

tapet
i-wallpaper
pictură
isithombe
lampă
ilambu
raft
ishalofu
dulap
ibhodi lenkomishi
televizor
umabonakude
șemineu
indawo yomlilo
floare
imbali
pernă
ikhushini
sofa
usofa
vază
ivasi
telecomandă
i-remote control

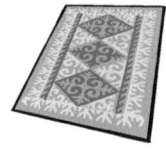

covor

ukhaphethe

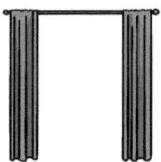

perdea

ikhethini

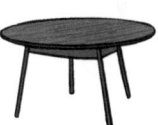

masă

itafula

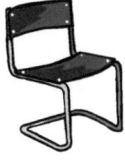

scaun

isihlalo

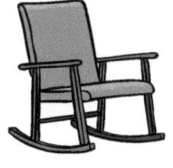

balansoar

isihlalo esinyakazayo

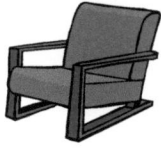

fotoliu

isihlalo esingangengalo

carte

incwadi

pătură

ingubo

decoraţiune

ukuhlobisa

lemn de foc

izinkuni zokubasa

film

ifilimu

instalaţie stereo

izinto ze-hi-fi

cheie

ukhiye

ziar

iphephandaba

desen

ukupenda

poster

iphosta

radio

umsakazo

caiet de notiţe

i-notepad

aspirator

ihuva

cactus

i-cactus

lumânare

ikhandlela

bucătărie
ikhishi

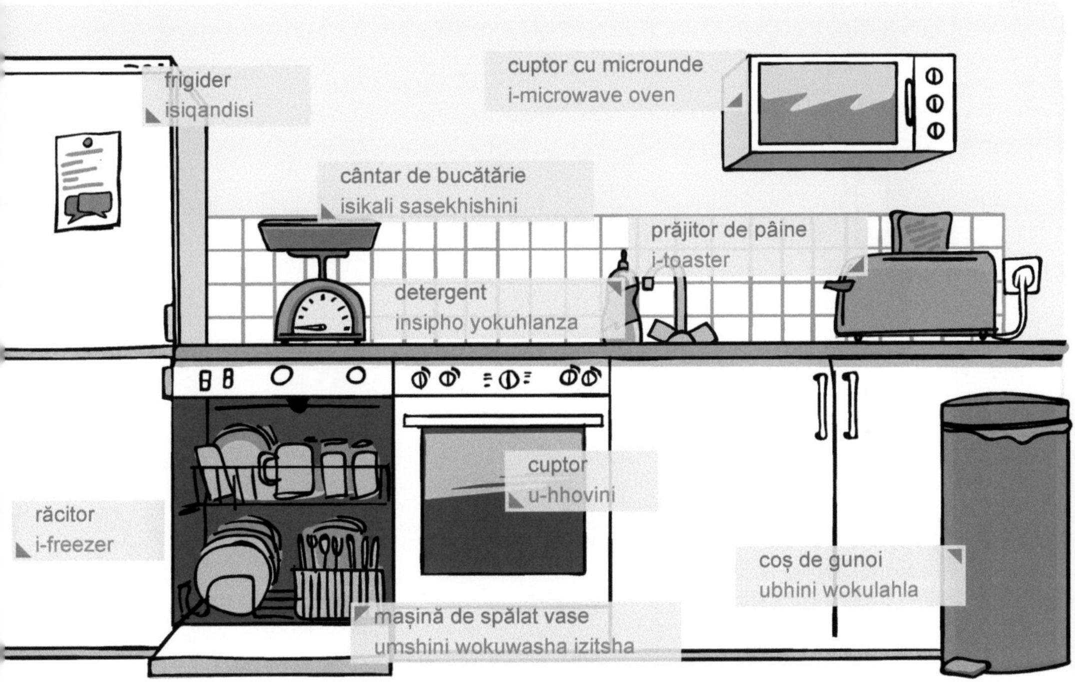
frigider
isiqandisi
cuptor cu microunde
i-microwave oven
cântar de bucătărie
isikali sasekhishini
prăjitor de pâine
i-toaster
detergent
insipho yokuhlanza
cuptor
u-hhovini
răcitor
i-freezer
coș de gunoi
ubhini wokulahla
mașină de spălat vase
umshini wokuwasha izitsha

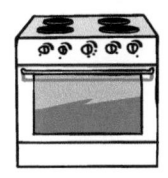

cuptor

umshini wokupheka

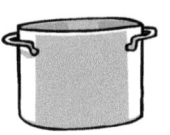

oală

ibhodwe

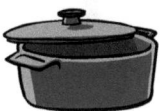

oală de metal

ibhodwe le-cast iron

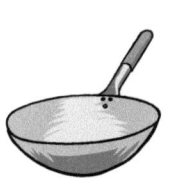

wok/kadai

i-wok / kadai

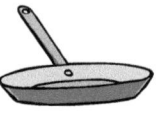

tigaie

ipani

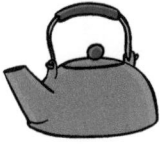

ceainic

iketela

oală de gătit cu aburi

i-steamer

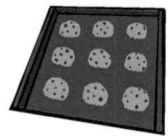

tavă de copt

ithreyi lokubhaka

veselă

izitsha zokudla

pahar

imaki

bol

isitsha

bețișoare

izinti zendwangu

polonic

isixembe sokuphaka

spatulă

ispathula

tel

i-whisk

sită

i-strainer

sită

isisefo

răzătoare

igretha

mojar

isitsha sodaka

grătar

i-barbecue

loc pentru grătar

umlilo

tocător

ibhodi lokuqoba

sucitor

ipini lokurola

tirbușon

iskrew

conservă

ikani

deschizător de conserve

into yokuvula ikani

șervete termice

indwangu yokubamba
ibhodwe

chiuvetă

usinki

perie

i-brush

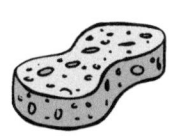

burete

isiponji

mixer

ibhlenda

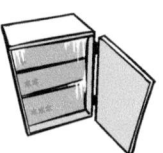

ladă frigorifică

i-deep freezer

biberon

ibhodlela lengane

robinet

umpompi

baie

igumbi lokugeza

încălzire
isifudumezo
prosop
ithawula
duș
ishawa
perdea de duș
ikhethini leshawa
baie cu spumă
insipho yokugeza eyenza amagwebu
cadă
ubhavu
pahar
igilasi
mașină de spălat
umshini wokuwasha
robinet
umpompi
gresie
amathayizi
oală de noapte
ithoyilethi lezingane
chiuvetă
usinki

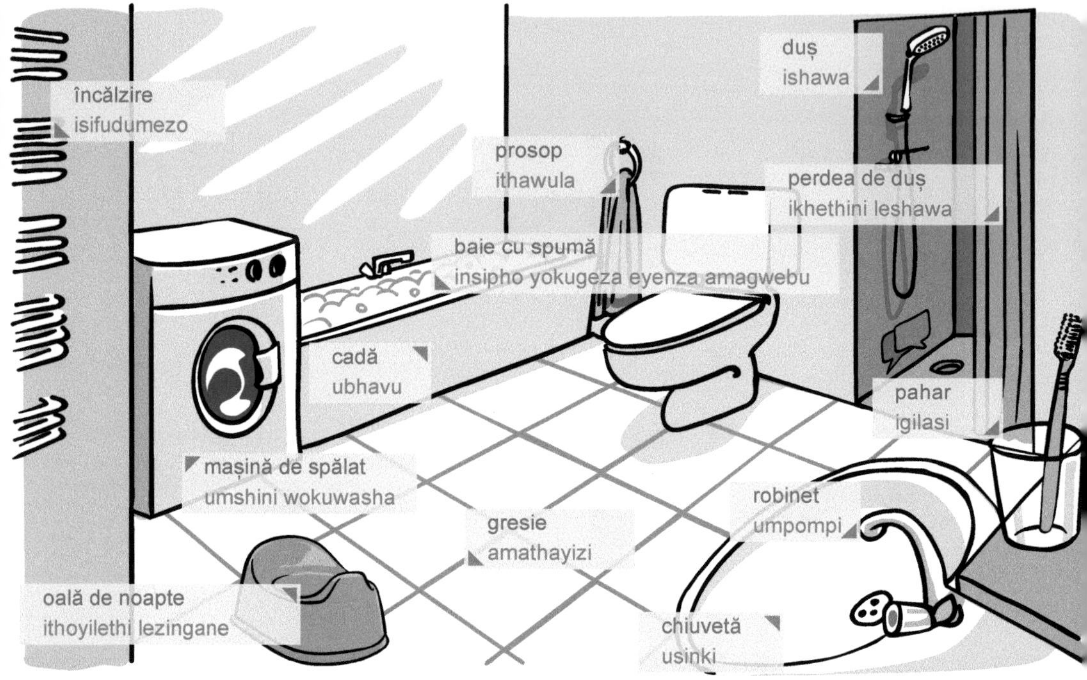

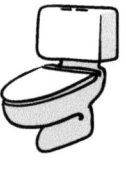

toaletă

ithoyilethi

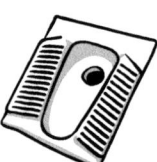

toaletă turcescă

ithoyilethi oqoshama kuyo

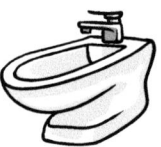

bideu

ithoyilethi le-bidet

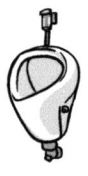

pisoir

ithoyilethi lokuchama labesilisa

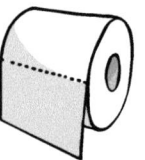

hârtie igienică

iphepha lasethoyilethi

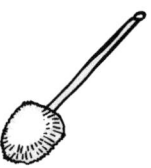

perie de toaletă

ibhrashi lasethoyilethi

periuță de dinți

ibhrashi lamazinyo

pastă de dinți

insipho yamazinyo

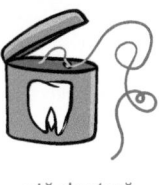

ață dentară

into yokuvungula

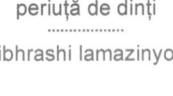

a spăla

washa

cap de duș

ishawa ebanjwa ngesandla

duș intim

uchatho

lavoar

u-basini

perie pentru spate

ibrashi lomhlane

săpun

insipho

gel de duș

ijeli yeshawa

șampon

ishampu

cârpă de spălat

ishethi lesikoshi

scurgere

i-drain

cremă

ukhilimu

deodorant

into yokugcoba
amakhwapha

oglindă

isibuko

oglindă cosmetică

isibuko esiphathwa
ngesandla

aparat de ras

ireyza

spumă de ras

igwebu lokushefa

aftershave

umuthi ogcotshwa ngemva
kokushefa

pieptene

ikama

perie

ibhrashi

uscător de păr

into yokomisa izinwele

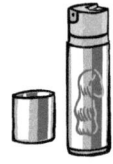

fixator

ispreyi sezinwele

machiaj

i-makeup

ruj

into yokugcoba umlomo

lac de unghii

into yokususa upende
wezinzipho

vată

uwuli kakotini

foarfece de unghii

isikelo sezinzipho

parfum

isigqolo

neseser

isikhwama sezinto
zokugeza

taburet

isitulo

cântar

isikali

halat de baie

ingubo yokugeza

mănuși de cauciuc

amagilavu erabha

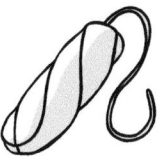

tampon

ithemponi

tampon

iphedi yasesikhathini

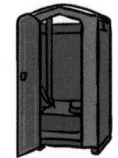

toaletă chimică

ithoyilethi lekhemikhali

camera copiilor
igumbi lezingane

ceas deșteptător
i-alamu yewashi elichonywayo
jucărie de pluș
ithoyizi lokudlala
mașină de jucărie
imoto eyithoyizi
morișcă
i-rattle
casă de păpuși
indlu kanodoli
cadou
isiphongo

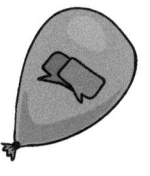

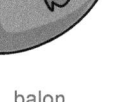

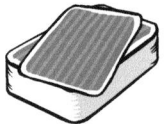

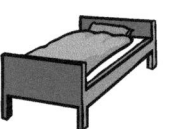

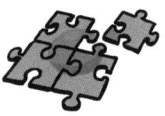

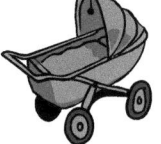

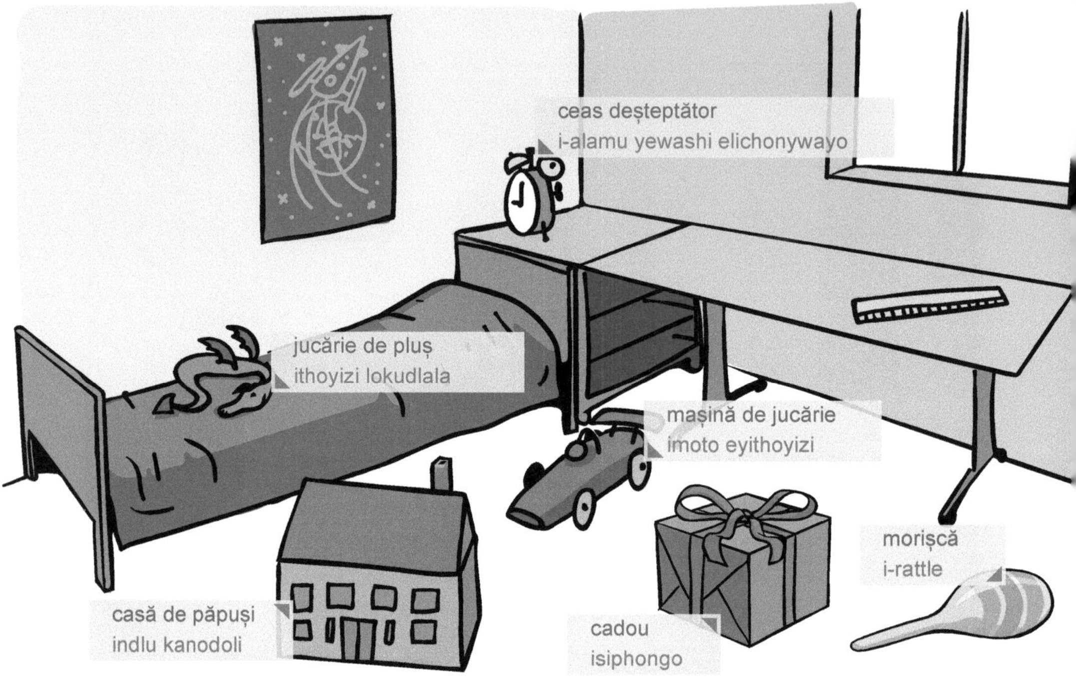

balon

ibhaluni

pat

umbhede

cărucior de copii

iphremu

joc de cărți

amakhadi

puzzle

i-jigsaw

revistă de benzi desenate

indaba edwetshiwe

cuburi lego
....
amabrick elego

piese pentru construcții
....
amabhuloksi okwakha

personaj din filmele de acțiune
....
unodoli weqhawe

body
....
izimpahla zezingane

frisbee
....
i-frisbee

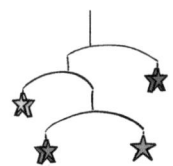

mobil
....
amathoyizi ezingane alengayo

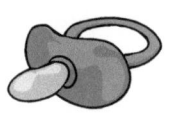

joc de societate
....
ibhodi lokudlala igemu

zar
....
idayisi

set trenuleț de jucărie
....
isethi yesitimela

suzetă
....
idemu

petrecere
....
iphathi

carte cu poze
....
incwadi yezithombe

minge
....
ibhola

păpușă
....
unodoli

a se juca
....
dlala

groapă de nisip

umgodi wenhlabathi

leagăn

uzwinki

jucării

amathoyizi

consolă video

umshini wamavidiyo geymu

tricicletă

ibhayisikili elinemasondo
amathathu

ursuleț

uthedibhe

dulap

u-wardrobe

îmbrăcăminte

izimpahla

șosete

amasokisi

ciorapi

amastokhingi

dres

amathayithi

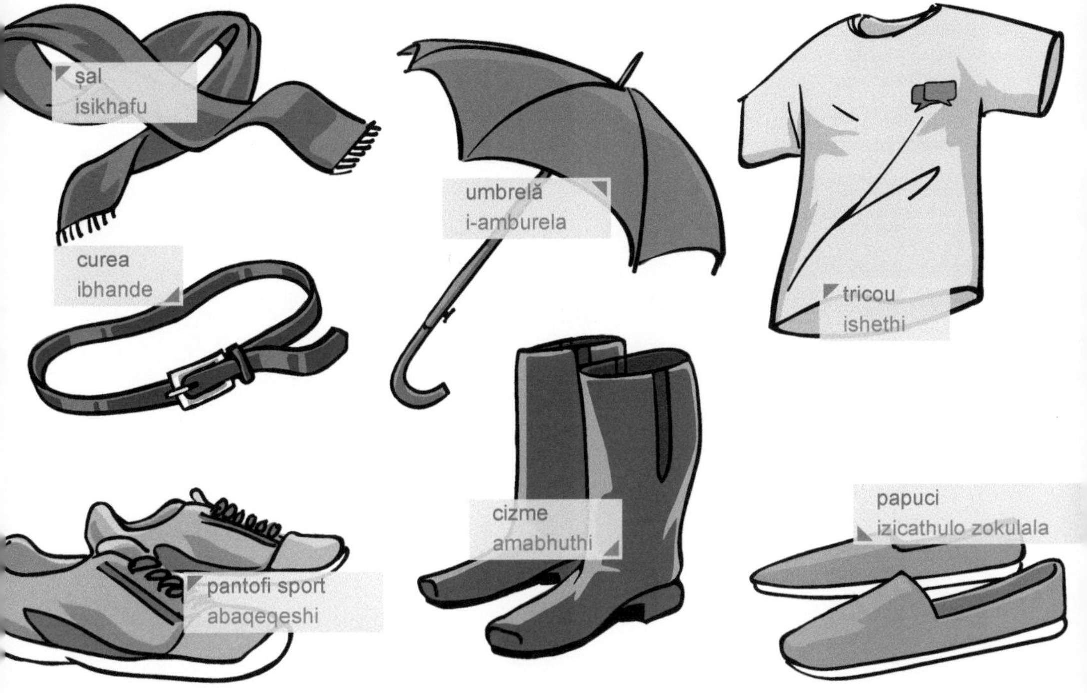

şal
isikhafu

curea
ibhande

umbrelă
i-amburela

tricou
ishethi

pantofi sport
abaqeqeshi

cizme
amabhuthi

papuci
izicathulo zokulala

sandale

amasandali

încălţăminte

izicathulo

cizme de cauciuc

amabhuthi erabha

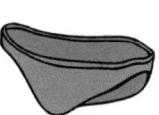

chilot

iphenti

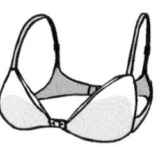

sutien

u-bra

maiou

ivesti

îmbrăcăminte - izimpahla

body

umzimba

pantaloni

amabhulukwe

blugi

amajini

fustă

isiketi

bluză

isikibha

cămașă

ishethi

pulover

ijezi elinezigqoko

jerseu

i-hoodie

sacou

ibhuleyiza

jachetă

ijakhethi

palton

ijazi

pelerină de ploaie

i-raincoat

costum

ikhosyumu

rochie

ingubo

rochie de mireasă

ingubo yomshado

costum

isudu

cămașă de noapte

ingubo yokulala

pijama

amaphijama

sari

ingubo yesari

batic

isikhafu

turban

isigqoko se-turban

burka

ibhukha

caftan

ingubo yekaftani

abaya

abaya

costum de baie

impahla yokubhukuda

șort

amathranki

pantaloni scurți

isikhindi

trening

i-tracksuit

șorț

ingubo yokupheka

mănuși

amagilavu

nasture

ibhathini

ochelari

izibuko

brățară

ibhengela

lanț

umgexo

inel

indandatho

cercel

amacici

căciulă

ikepisi

umeraș

into yokuhenga ijazi

pălărie

isigqoko

cravată

uthayi

fermoar

uziphu

cască

ihelmethi

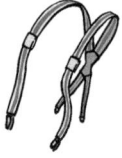

bretele

ama-braces

uniformă școlară

iyunifomu yesikole

uniformă

iyunifomu

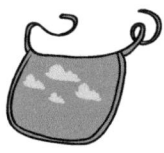

bavețică

ibhayi lengane

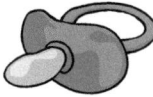

suzetă

idemu

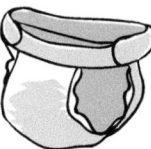

scutec

inabukeni

birou

i-ofisi

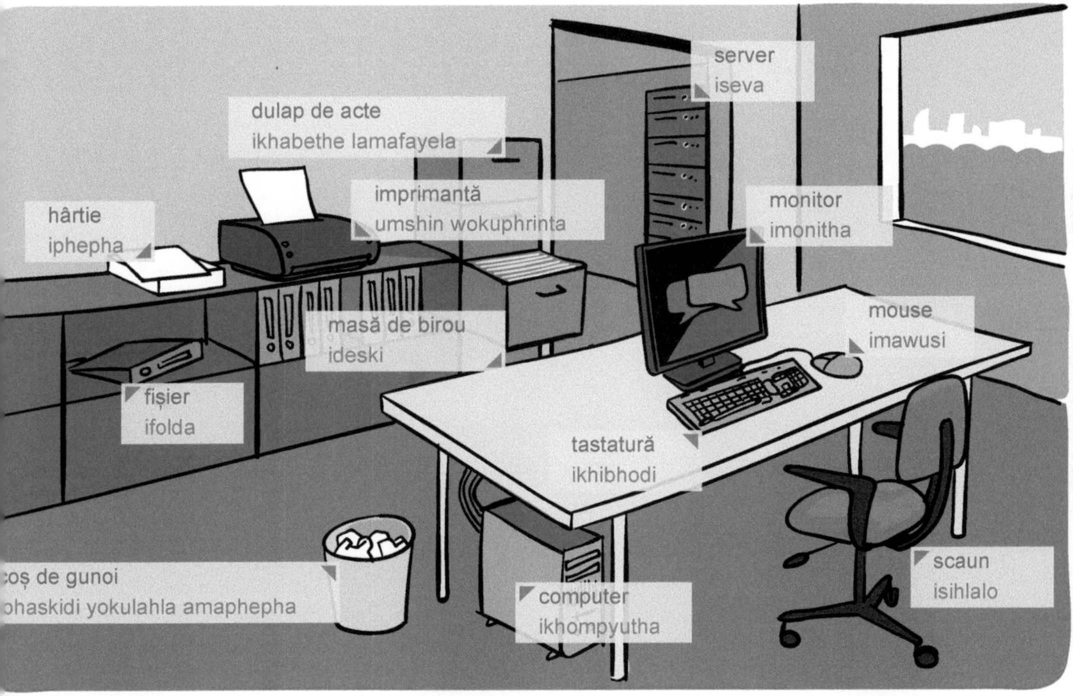

server
iseva
dulap de acte
ikhabethe lamafayela
imprimantă
umshin wokuphrinta
hârtie
iphepha
monitor
imonitha
mouse
imawusi
masă de birou
ideski
fișier
ifolda
tastatură
ikhibhodi
coș de gunoi
ohaskidi yokulahla amaphepha
scaun
isihlalo
computer
ikhompyutha

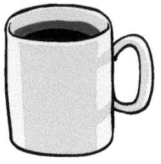

ceașcă de cafea

imagi yekhofi

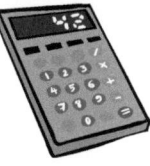

calculator

ikhalkhuletha

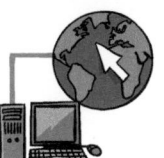

internet

i-inthanethi

laptop

ilephuthophu

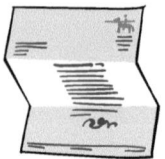

scrisoare

incwadi

mesaj

umyalezo

telefon mobil

ifoni

rețea

inethiwekhi

copiator

ifothokhophi

software

i-software

telefon

ucingo

priză

indawo yokupulaka

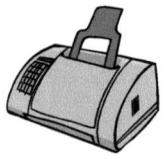

fax

umshini wokufeksa

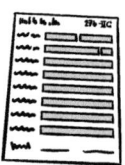

formular

ifomu

document

idokhumenti

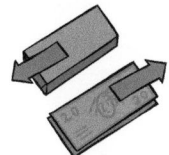

a cumpăra

thenga

a plăti

khokha

a face comerț

shintshana

bani

imali

Dolar

idola

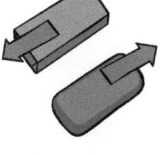

Euro

i-euro

Yen

iyen

Rublă

i-rouble

Franc Elvețian

iSwiss franc

renminbi yuan

i-renminbi yuan

Rupie

i-rupee

bancomat

umshini wokukhipha imali

casă de schimb valutar

i-bureau de change

aur

igolide

argint

isiliva

petrol

amafutha

energie

amandla

preț

inani lemali

contract

ukuxhumana

impozit

intela

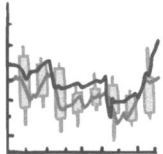

acțiune

isitokwe

a munci

sebenza

angajat

isisebenzi

angajator

umqashi

fabrică

ifekthri

magazin

esitolo

ocupații
imisebenzi

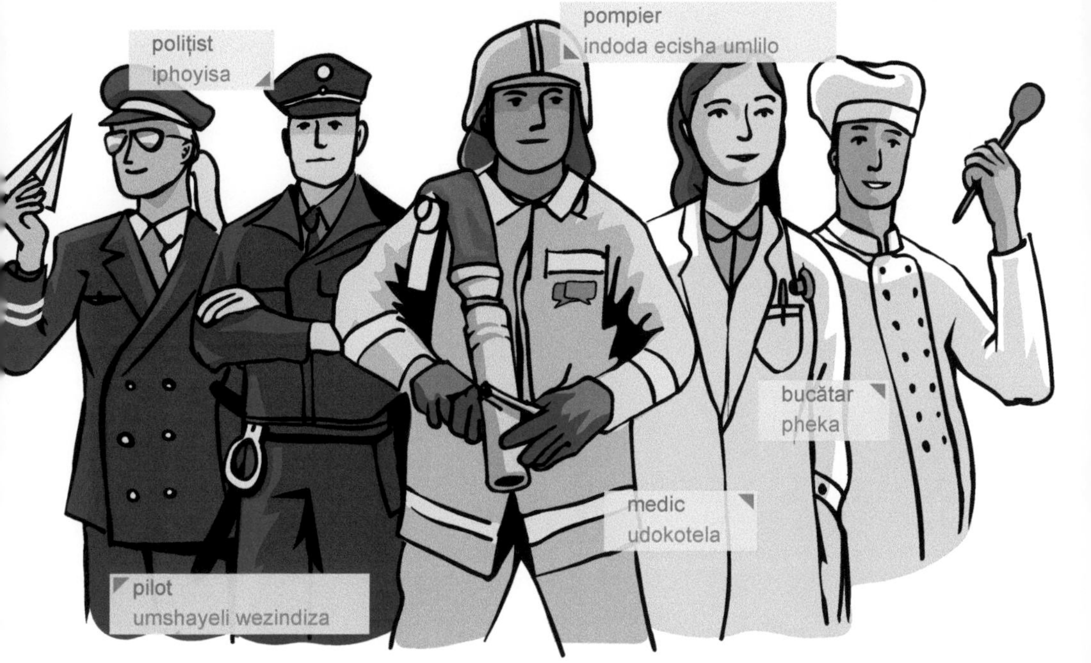
polițist
iphoyisa
pompier
indoda ecisha umlilo
bucătar
pheka
medic
udokotela
pilot
umshayeli wezindiza

grădinar

umuntu onakekela ingadi

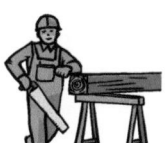

tâmplar

umbazi

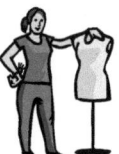

cusătoreasă

umthungi

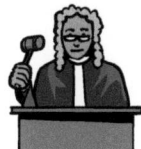

judecător

ijaji

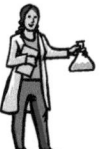

chimist

umuntu osebenza ekhemisi

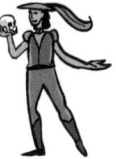

actor

umlingisi

șofer de autobuz

umshayeli webhasi

șofer de taxi

umshayeli wetekisi

pescar

indoda edoba izinhlanzi

femeie de serviciu

owesifazane ohlanzayo

tinichigiu

umuntu olungisa uphahla

chelnăr

uweyita

vânător

umzingeli

pictor

umuntu opendayo

brutar

umbhaki

electrician

umuntu osebenza ngogesi

muncitor în construcții

umakhi

inginer

unjiniyela

măcelar

indawo edayisa inyama

instalator

umuntu osebenza
ngamapayipi

poștaș

indoda yaseposini

soldat

isosha

arhitect

umdwebi wezakhiwo

casier

umbali wemali

florar

umuntu otshala izimbali

frizer

umuntu owenza izinwele

controlor

umqondisi wasesitimeleni

mecanic

umakhenikha

căpitan

ukaputeni

stomatolog

udokotela wamazinyo

om de știință

usosayensi

rabin

urabi

imam

imam

călugăr

indela

preot

umfundisi

instrumente
amathuluzi

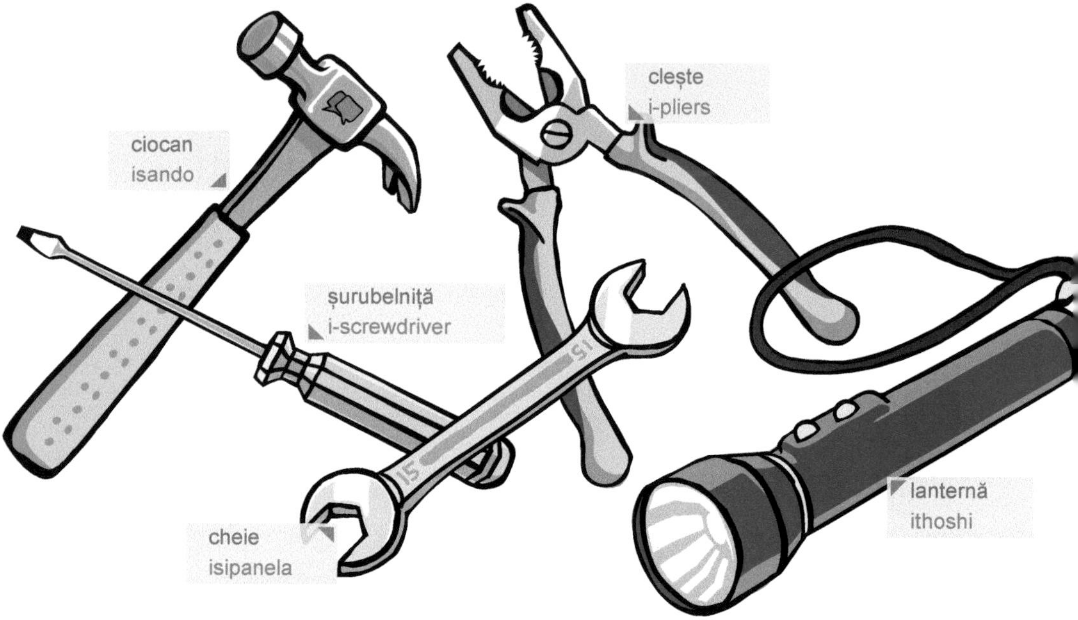
ciocan
isando
clește
i-pliers
șurubelniță
i-screwdriver
cheie
isipanela
lanternă
ithoshi

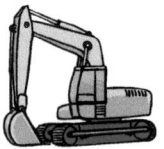

excavator

umshini wokumba

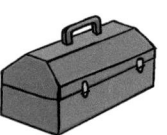

cutie de scule

ibhokisi lamathuluzi

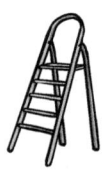

scară

isitebhisi

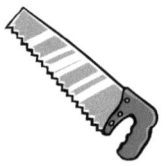

ferăstrău

isaha

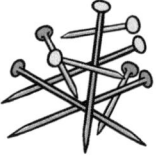

cuie

izinzipho

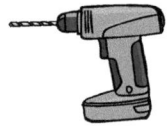

burghiu

i-drill

a repara

lungisa

lopată

ifosholo

La naiba!

Damethi!

făraș

idastipheni

vas pentru vopsea

ithini likapende

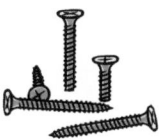

șuruburi

i-screws

instrumente muzicale
izinsimbi zomculo

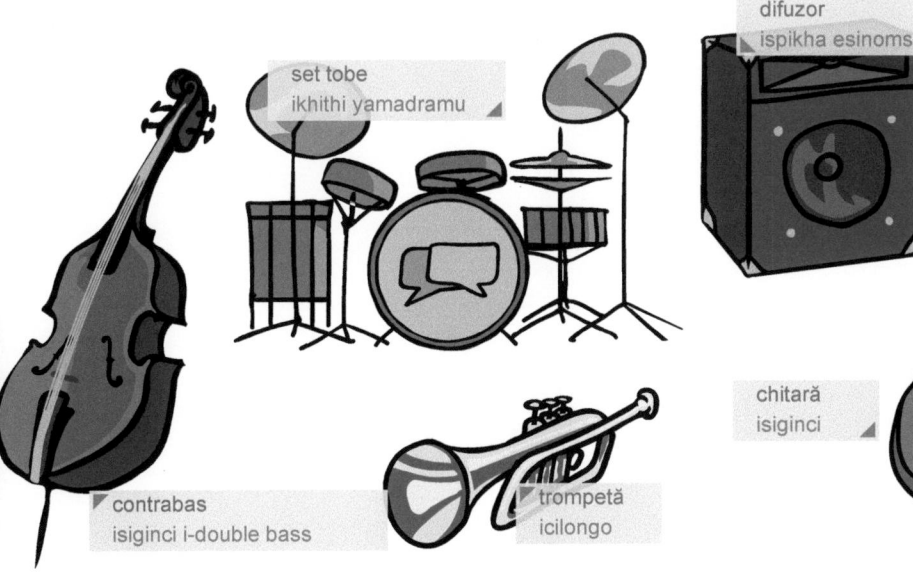

set tobe
ikhithi yamadramu

difuzor
ispikha esinomsindo omkhulu

chitară
isiginci

contrabas
isiginci i-double bass

trompetă
icilongo

pian

ipiyano

vioară

ivayolini

bas

i-bass

trombon

ithimpani

tobă

amadramu

keyboard

i-keyboard

saxofon

i-saxophone

fluier

umtshingo

microfon

imakhrofoni

grădină zoologică

esiqiwini

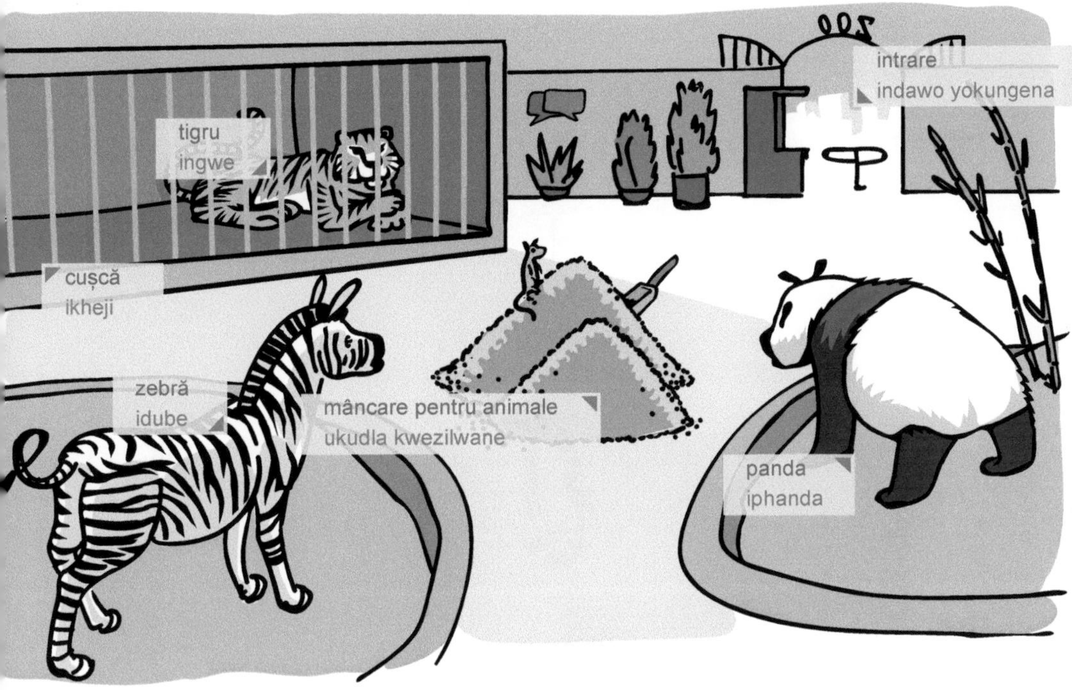

zoo
intrare
indawo yokungena
tigru
ingwe
cuşcă
ikheji
zebră
idube
mâncare pentru animale
ukudla kwezilwane
panda
iphanda

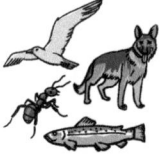

animale

izilwane

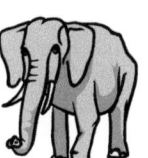

elefant

indlovu

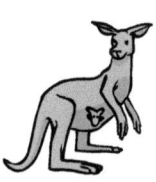

cangur

ikhangaru

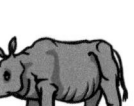

rinocer

ubhejane

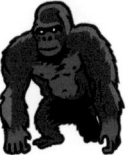

gorilă

igorila

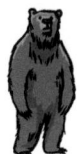

urs

ibhele

cămilă

ikamela

struț

intshe

leu

ingonyama

maimuță

inkawu

flamingo

i-flamingo

papagal

upholi

urs polar

ibhele laseqhweni

pinguin

iphenguwini

rechin

ushaka

păun

ipigogo

șarpe

inyoka

crocodil

ingwenya

îngrijitor grădina zoologică

umgcini wezilwane

focă

isilwane saseqhweni

jaguar

ijaguwa

ponei

iponi

leopard

ingwe

hipopotam

imvubu

girafă

indlulamithi

acvilă

ukhozi

porc mistreț

intibane

pește

inhlanzi

broască țestoasă

ufudu

morsă

i-walrus

vulpe

ujakalase

gazelă

inyamazane igazele

fotbal american
ibhola lezinyawo laseMelika

ciclism
umdlali webhayisikili

tenis
ithenisi

basketball
ibhola lomnqankiswano

înot
ukubhukuda

box
isibhakela

hockey pe gheată
i-ice hockey

fotbal

ibhola lezinyawo

badminton

i-badminton

atletism

abasubathi

handbal

ibhola lezandla

schi

ukushushuluza

polo

ipolo

a râde
hleka

a sări
gxuma

a îmbrățișa
haga

a merge
hamba

a cânta
cula

a visa
phupha

a se ruga
thandaza

a săruta
cabuza

a scrie
bhala

a desena
dweba

a arăta
bonisa

a împinge
phusha

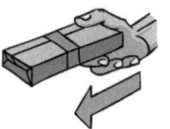

a da
nikeza

a lua
thatha

a avea

yiba

a face

yenza

a fi

yiba

a sta în picioare

sukuma

a fugi

gijima

a trage

donsa

a arunca

phonsa

a cădea

yiwa

a sta întins

amanga

a aștepta

linda

a purta

thwala

a ședea

hlala

a se îmbrăca

gqoka

a dormi

lala

a se trezi

vuka

a privi

bukela

a plânge

khala

a mângâia

qhweba

a se pieptăna

kama

a vorbi

khuluma

a înțelege

qonda

a întreba

buza

a asculta

lalela

a bea

phuza

a mânca

idla

a face ordine

coca

a iubi

thanda

a găti

pheka

a conduce

shayela

a zbura

ndiza

a naviga

hamba ngomkhumbi

a calcula

bala

a citi

funda

a învăţa

funda

a munci

sebenza

a se căsători

shada

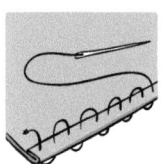

a coase

thunga

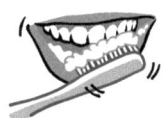

a se spăla pe dinţi

geza amazinyo

a ucide

bulala

a fuma

bhema

a trimite

thumela

familie
umndeni

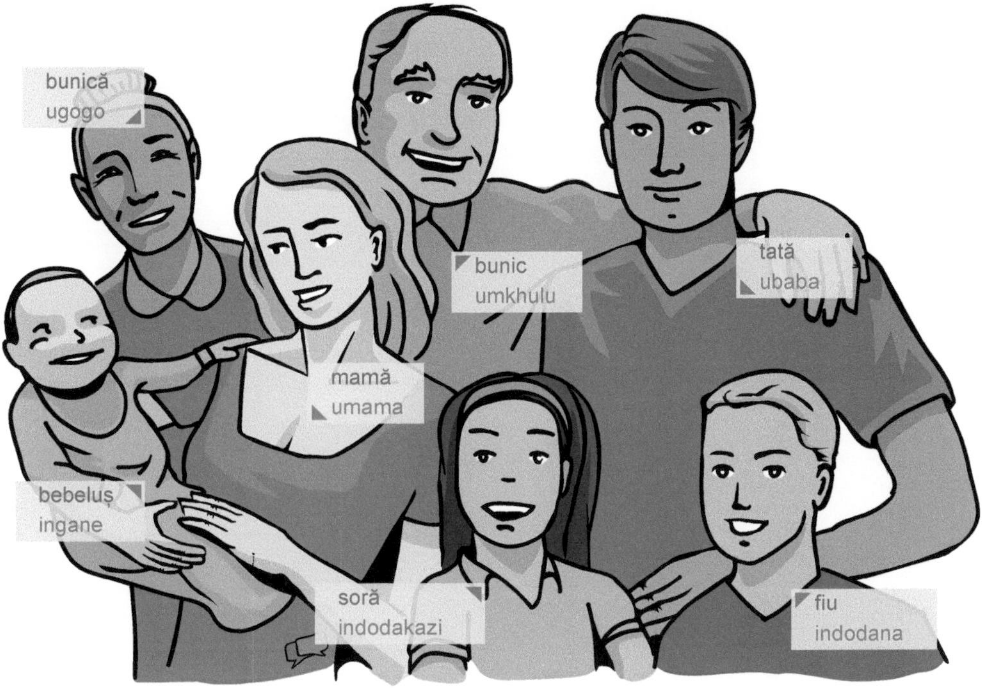

bunică
ugogo
bunic
umkhulu
tată
ubaba
mamă
umama
bebeluș
ingane
soră
indodakazi
fiu
indodana

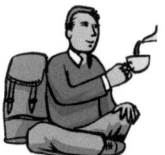

oaspete

isivakashi

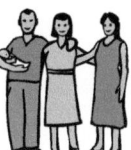

mătușă

u-anti

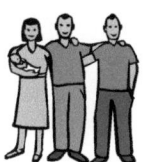

unchi

umalume

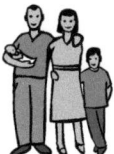

frate

umfowethu

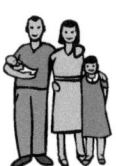

soră

udadewethu

corp
umzimba

frunte
isiphongo
ochi
amehlo
umăr
ihlombe
deget
umunwe
față
ubuso
bărbie
isilevu
mână
isandla
picior
umlenze
piept
amabele
braț
ingalo

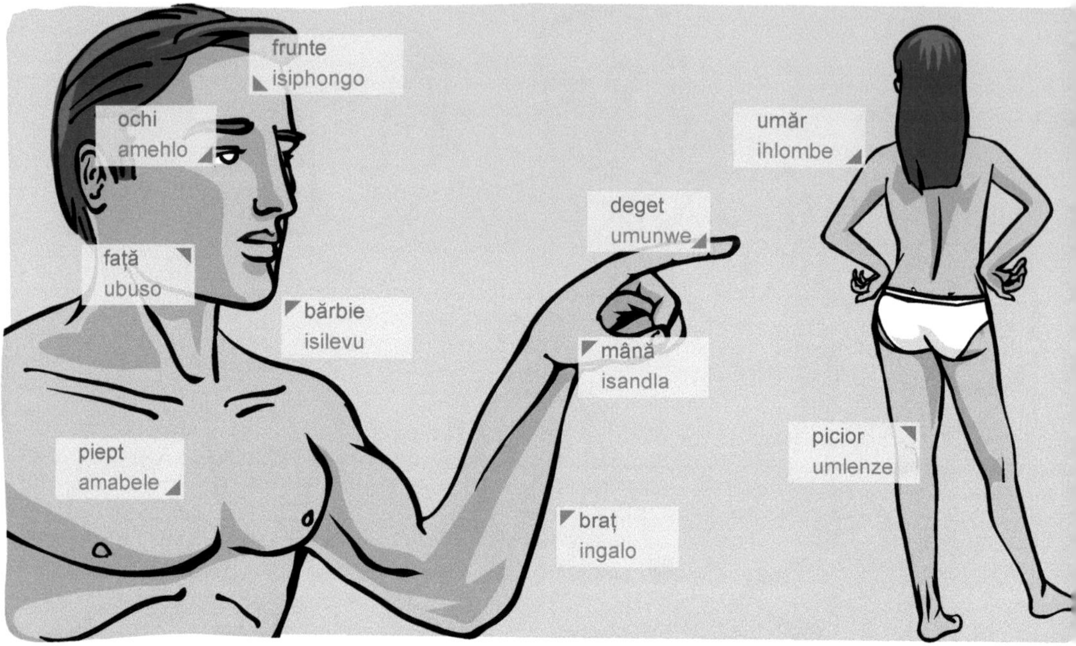

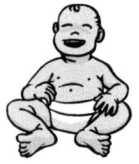

bebeluș
ingane

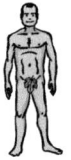

bărbat
indoda

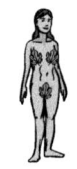

femeie
owesifazane

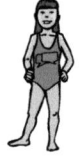

fată
intombazane

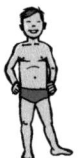

băiat
umfana

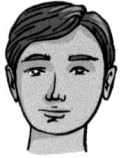

cap
ikhanda

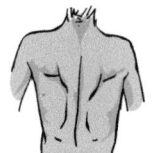

spate

umhlane

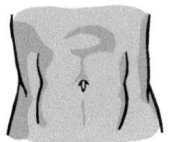

abdomen

isisu

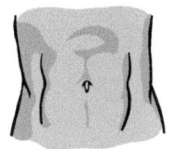

ombilic

inkaba

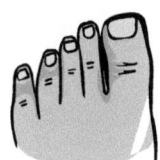

deget de la picior

izinzwane

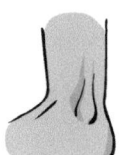

călcâi

isithende

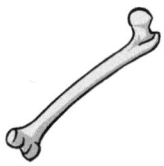

os

ithambo

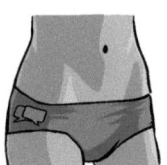

șold

inqulu

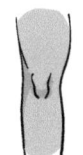

genunchi

idolo

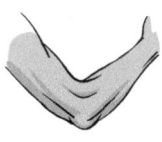

cot

indololwane

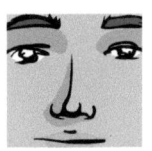

nas

ikhala

fund

ingenzansi

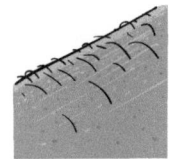

piele

isikhumba

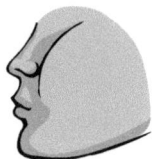

obraz

iziqhomo

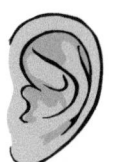

ureche

indlebe

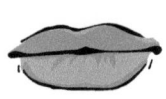

buză

udebe

corp - umzimba

69

gură

umlomo

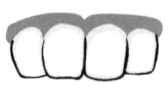

dinte

amazinyo

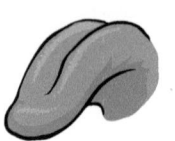

limbă

ulimu

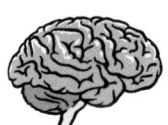

creier

ingqondo

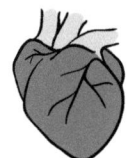

inimă

inhliziyo

muşchi

imasela

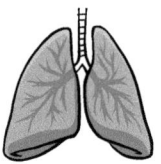

plămân

uphaphe

ficat

isibindi

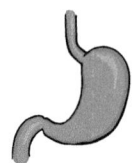

stomac

isisu

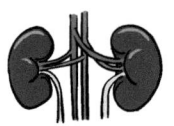

rinichi

izinso

sex

ucansi

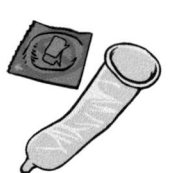

prezervativ

ikhondomu

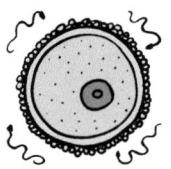

ovul

iqanda

spermă

isidoda

sarcină

ukukhulelwa

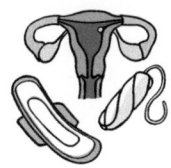

menstruație

ukuya esikhathini

vagin

imomozi

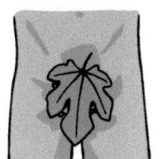

penis

umthondo

sprânceană

ishiya

păr

izinwele

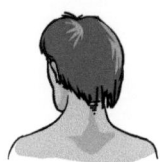

gât.

intamo

spital
isibhedlela

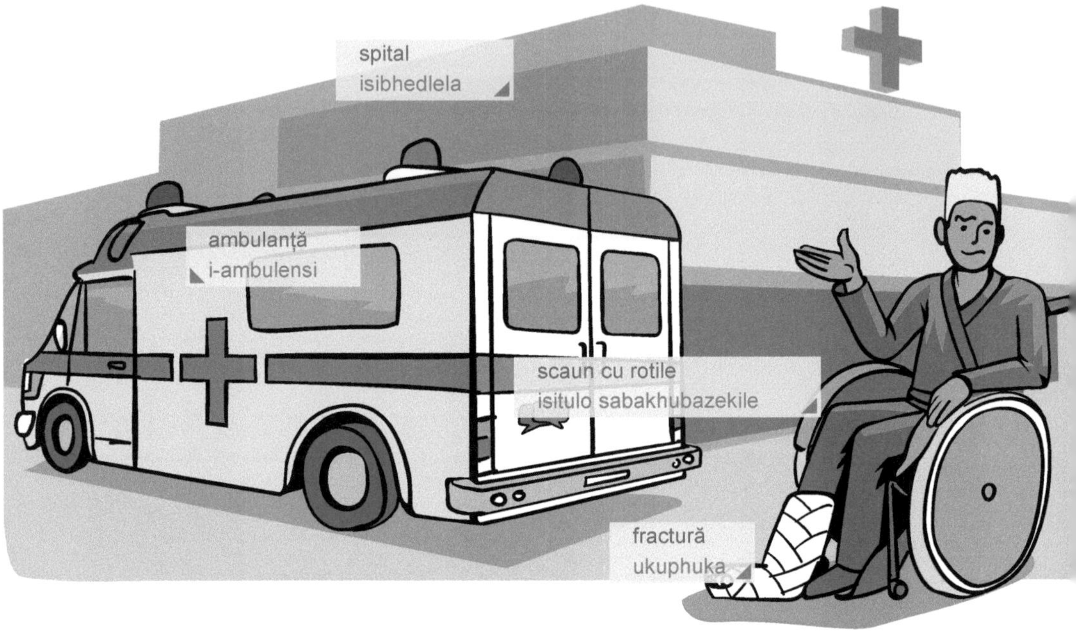

spital
isibhedlela
ambulanță
i-ambulensi
scaun cu rotile
isitulo sabakhubazekile
fractură
ukuphuka

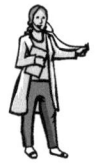

medic

udokotela

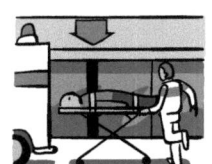

unitate de primiri urgențe

igumbi leziguli ezidinga ukwelashwa

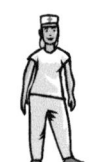

soră medicală

umhlengikazi

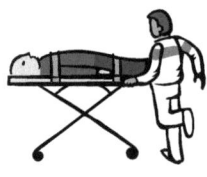

urgență

izimo eziphuthumayo

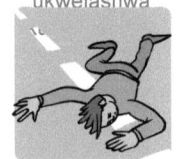

inconștient

ukuquleka

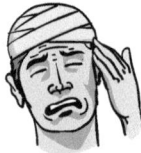

durere

ubuhlungu

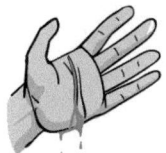

leziune

ukulimala

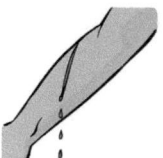

sângerare

ukopha

infarct miocardic

isifo senhliziyo

atac cerebral

ukushaywa unhlangothi

alergie

ukungazwani komzimba
nezinto ezithile

tuse

ukukhwehlela

febră

imfiva

gripă

umkhuhlane

diaree

ukuhuda

durere de cap

ukuphathwa ikhanda

cancer

umdlavuza

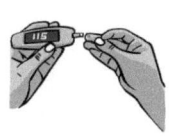

diabet

isifo sikashukela

chirurg

udokotela ohlinzayo

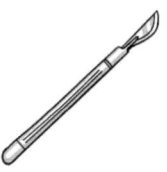

scalpel

isikalpheli

operaţie

ukuhlinzwa

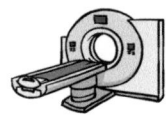

CT

CT

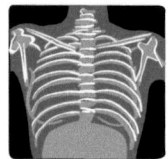

raze Röntgen

i-x-ray

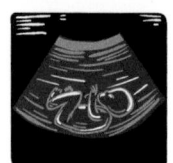

ultrasunet

i-ultrasound

mască

imaskhi yasebusweni

boală

isifo

sală de așteptare

igumbi lokulinda

cârjă

izinduko zokuhamba

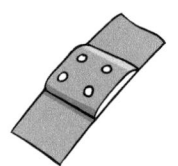

plasture

iplasta

bandaj

ibhandishi

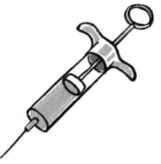

injecție

umjovo

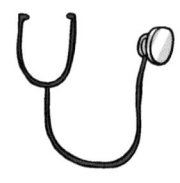

stetoscop

izipopolo zikadokotela

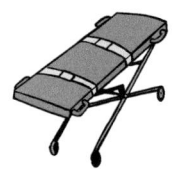

targă

i-stretcher

termometru

umshini okala izinga lokushisa

naștere

ukubeletha

supraponderabilitate

ukukhuluphala ngokweqile

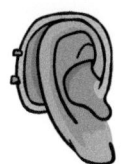

aparat auditiv

insizwa yokuzwa

dezinfectant

ukungatheleleki

infecție

ukutheleleka

virus

ivariyasi

HIV/SIDA

HIV / AIDS

medicină

umuthi

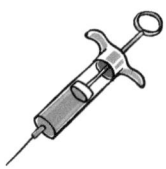

vaccin

umgomo

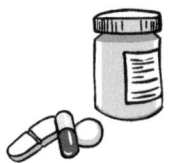

tablete

amaphilisi

pastilă

amaphilisi

apel de urgență

ucingo oluphuthumayo

aparat de măsurare a
presiunii arteriale

umshini okala umfutho
wegazi

bolnav/sănătos

ukugula / ukuba umqemane

Ajutor!

Sizani!

alarmă

i-alamu

agresiune

ukuhlasela

atac

ukuhlasela

pericol

ingozi

ieşire de urgenţă

indawo yokubalekela
ngaphansi kwezimo
eziphuthumayo

Foc!

Umlimo!

extinctor

isicimamlilo

accident

ingozi

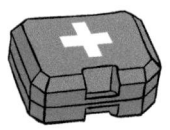

trusă de prim-ajutor

ikhithi yosizo lokuqala

SOS

SOS

poliţie

amaphoyisa

Europa

Europe

America de Nord

North America

America de Sud

South America

Africa

Africa

Asia

Asia

Australia

Australia

Altantic

Atlantic

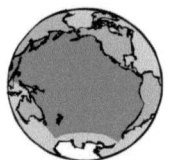

Pacific

Pacific

Oceanul Indian

Indian Ocean

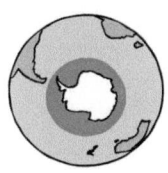

Oceanul Antarctic

Antarctic Ocean

Oceanul Arctic

Arctic Ocean

Polul Nord

North Pole

Polul Sud
South Pole

Antarctica
Antarctica

pământ
Umhlaba

ţară
umhlaba

mare
izilwandle

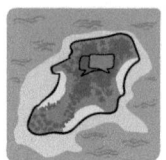

insulă
isiqhingi

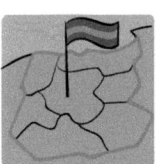

naţiune
izwe

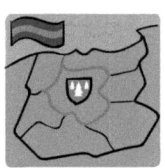

stat
inhlangano engokomthetho

cadran

ubuso bewashi

orar

isandla sehora

minutar

isandla semizuzu

secundar

isandla sesibili

Cât e ceasul?

Ubani isikhathi?

zi

usuku

timp

isikhathi

acum

manje

cead digital

iwashi lezibalo

minut

umzuzu

oră

ihora

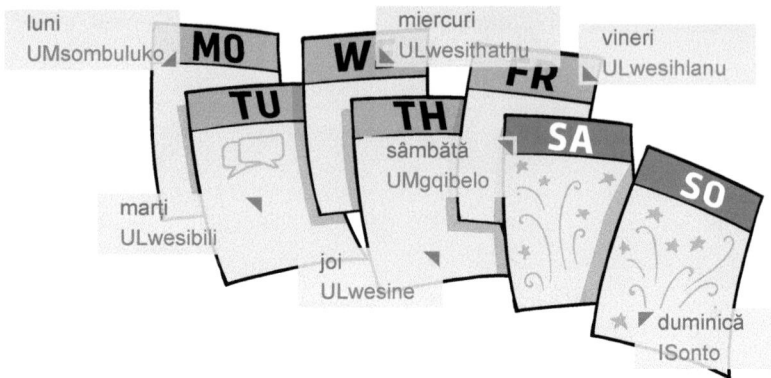

luni
UMsombuluko

miercuri
ULwesithathu

vineri
ULwesihlanu

sâmbătă
UMgqibelo

marţi
ULwesibili

joi
ULwesine

duminică
ISonto

ieri

izolo

azi

namhlanje

mâine

kusasa

dimineaţă

ekuseni

amiază

emini

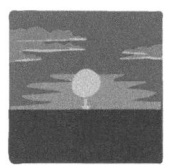

seară

ntambama

MO	TU	WE	TH	FR	SA	SU
1	2	3	4	5	6	7
8	9	10	11	12	13	14
15	16	17	18	19	20	21
22	23	24	25	26	27	28
29	30	31	1	2	3	4

zile lucrătoare

izinsuku zeviki

MO	TU	WE	TH	FR	SA	SU
1	2	3	4	5	6	7
8	9	10	11	12	13	14
15	16	17	18	19	20	21
22	23	24	25	26	27	28
29	30	31	1	2	3	4

week-end

impelasonto

an

unyaka

ploaie
imvula
curcubeu
uthingo
zăpadă
ukukhithika kweqhwa
umoya
primăvară
ithwasahlobo
vară
ihlobo
toamnă
ikwindla
iarnă
ubusika

4.APRIL 11°
5.APRIL 4°
6.APRIL 13°
7.APRIL 8°
8.APRIL 10°

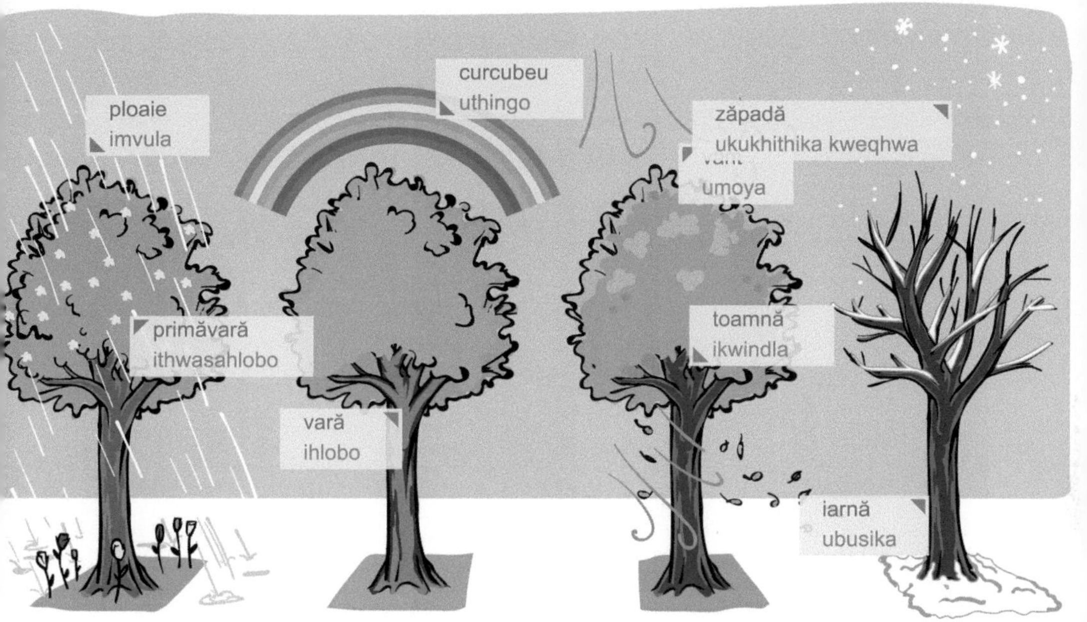

prognoză meteo

isimo sezulu

F C
120 40
30
90 20
60 10
30 0
0 -10
-30 -20

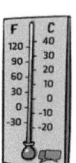

termometru

umshini wezinga lokushisa

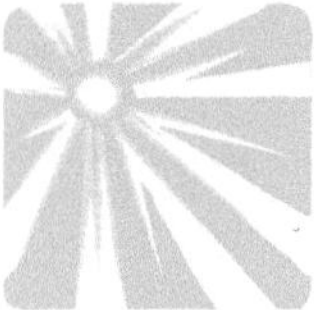

lumina soarelui

ukushisa kwelanga

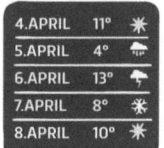

nor

amafu

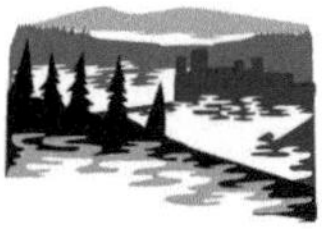

ceață

inkungu

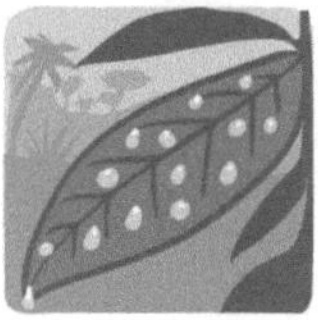

umiditate a aerului

umswakama

fulger
ummbani

tunet
ukuduma kwezulu

furtună
isiphepho

grindină
isichotho

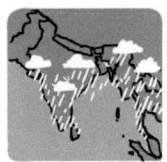

muson
imvula enkulu

inundaţie
izikhukhula

gheaţă
iqhwa

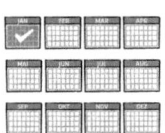

ianuarie
UMasingana

februarie
UNhlolanja

martie
UNdasa

aprilie
UMbasa

mai
UNhlaba

iunie
UNhlangulana

iulie
UNtulikazi

august
UNcwaba

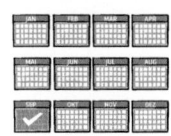

septembrie

UMandulo

octombrie

UMfumfu

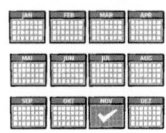

noiembrie

ULwezi

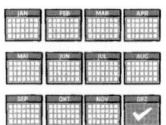

decembrie

UZibandlela

forme
amasheyphu

cerc

indilinga

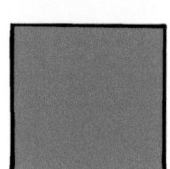

pătrat

isikwele

dreptunghi

unxande

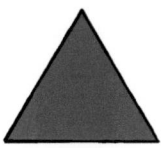

triunghi

unxantathu

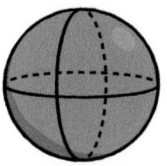

sferă

i-sphere

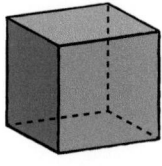

cub

i-cube

alb

kumhlophe

galben

kuphuzi

portocaliu

ku-olenji

roz

kuphinki

roșu

kumbomvu

violet

kuphephuli

albastru

kuluhlaza
okwesibhakabhaka

verde

kuluhlaza

maro

kubhrawuni

gri

kuphashile

negru

kumnyama

mult/puțin

kakhulu / kancane

furios/calm

ukucasuka / ubumnene

frumos/urât

ubuhle / ububi

început/sfârșit

isiqalo / isiphetho

mare/mic

kukhulu / kuncane

luminos/întunecat

kuyakhanya / kumnyama

frate/soră

umfowethu / udadewethu

curat/murdar

ukuhlanzeka / ukungcola

complet/incomplet

ukuphelela / ukungapheleli

zi/noapte

imini / ubusuku

mort/viu

ukufa / ukuphila

lat/strâmt

ukuvuleka / ukunyinyeka

comestibil/necomestibil

okudliwayo / okungadliwa

rău/prietenos

ukukhohlakala / umusa

emoţionat/plictisit

ukujabula / isithukuthezi

gras/slab

ukunona / ukuzaca

primul/ultimul

ukuqala / ukugcina

prieten/inamic

umngane / isitha

plin/gol

ukugcwala / ukuphela

tare/moale

ubunzima / ukuthamba

greu/uşor

ukusinda / ukubalula

foame/sete

ukulamba / ukoma

bolnav/sănătos

ukugula / ukuba umqemane

ilegal/legal

ngokomthetho / okungekho
emthethweni

inteligent/stupid

ukuhlakanipha /
isiphukuphuku

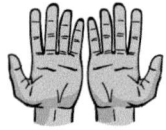

stânga/drepta

isinxele / esokudla

aproape/departe

eduze / kude

nou/uzat

kusha / sekusebenzile

nimic/ceva

utho / okuthile

bătrân/tânăr

okudala / okusha

pornit/oprit

vuliwe / kucishiwe

deschis/închis

vula / vala

încet/tare

kuthulekile / kunomsindo

bogat/sărac

ukuceba / ubumpofu

corect/fals

kulungile / akulungile

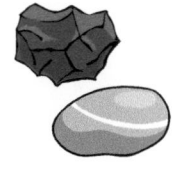

aspru/neted

kugadlazekile / kuyashelela

trist/fericit

dabuka / jabula

lung/scurt

kufishane / kude

încet/repede

kuyanensa / kuyashesha

ud/uscat

ukuba manzi / ukoma

cald/rece

ukufudumala / ukuphola

război/pace

ukulwa / ukuthula

0

zero

uziro

1

unu

kunye

2

doi

kubili

3

trei

kuthathu

4

patru

kune

5

cinci

kuhlanu

6

șase

isithupha

7

șapte

isikhombisa

8

opt

isishiyagalombili

9

nouă

isishiyagalolunye

10

zece

ishumi

11

unsprezece

ishumi nanye

12

douăsprezece

ishumi nambili

13

treisprezece

ishumi nantathu

14

paisprezece

ishumi nane

15

cincisprezece

ishumi nanhlanu

16

șaisprezece

ishumi nesithupha

17

șaptesprezece

ishumi nesikhombisa

18

optsprezece

ishumi nesishiyagalombili

19

nouăsprezece

ishumi nesishiyagalolunye

20

douăzeci

amashumi amabili

100

o sută

ikhulu

1.000

o mie

inkulungwane

1.000.000

un milion

izigidi

engleză

isiNgisi

engleză americană

isiNgisi saseMelika

chineza mandarină

isiMandarin saseShayina

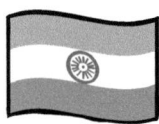

hindi

isiHindi

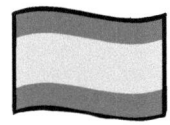

spaniolă

iSpanishi

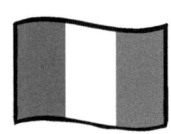

franceză

isiFulentshi

arabă

isi-Arabhu

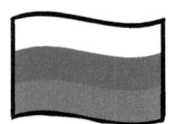

rusă

isiRashiya

protugheză

isiPutukezi

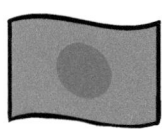

bengaleză

isiBengali

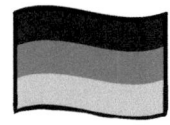

germană

isiJalimane

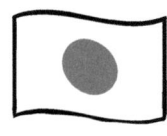

japoneză

isiJapane

eu

Mina

tu

wena

el/ea

u / u / ku

noi

thina

voi

nina

ea

bona

cine?

ubani?

ce?

ini?

cum?

kanjani?

unde?

kuphi?

când?

nini?

nume

igama

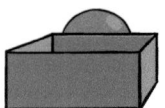

în spate

ngemuva

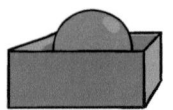

în

ngaphakathi

înainte

phambi kwe

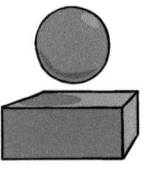

peste

phezulu

pe

ngaphezulu

sub

ngaphansi

lângă

eceleni

între

phakathi

loc

indawo